日本が地球を救う

二木　光

東京図書出版

はじめに

「日本しか地球を救えない」

これは30年近くの途上国生活と海外見聞から得た著者の確信です。芳賀綏は著書『日本人らしさの発見』で「万物を愛で包容する日本の〈凹型文化〉が排他的な〈凸型文化〉主導の世界を転換させ、危機に立つ地球環境と人類を救う。」と喝破しました。説得力ある至言です。しかし、日本は世界に部分的な影響を及ぼす可能性はあるでしょうが、根本的に転換させることは不可能です。アラブ文明や西欧文明の人々の価値観、宗教、哲学、生活習慣等を変えることは、日本人には無理です。変える必然性も正当性もありません。これも途上国生活から得た教訓です。彼らは与えられた自然環境（例えば砂漠）の中で歴史的に適応しており、山紫水明の中で培われてきた日本人の精神構造とは全く違います。

一方、滞在した途上国や訪問した西欧諸国には地球環境や人類に明るい未来を予測させるヒントは窺えません。日本や日本人が彼の国々や人々より優れているとは決して言えませんが、日本の風土と歴史の中で培われてきた道徳観や価値観、自然観、生活の知恵の中に地球の危機を救う秘訣があります。また、集団での能力の高さ、「和」を重んじる国民性は特異な性質として、これも地球を救う大きな武器となりえます。日本人として優越感も劣等感も持たず、客観的かつ冷静な状況判断と適切かつ現実的な対応をすれば、衰え始めた地球環境を蘇らせることができるとの結論に達しました。

問題の核心はどの日本人の特質がどのように世界に訴え、地球を救う実現性の高い道程を示しうるか、という点です。荒唐無稽な標題であり、無謀なチャレンジである点は十分承知しています。しかし、地球の環境収容力（carrying capacity）が脅かされ、資本主義経済が貧富の二極化を加速し、世界平和の実現が未だ見通せない近年、今こそ世界の多くの知見を寄せ集め、本気で取り組まない限り、ジャン＝ピエール・デュピュイが警告するごとく、世界は破局を迎えることとなるでしょう。

国連開発計画（ＵＮＤＰ）が主導して持続的な開発目標（ＳＤＧｓ、付記参照）が進行中です。ミレニアム開発目標（ＭＤＧｓ、付記参照）の実施中に9・11テロが発生し、イスラム国が台頭してきたように、ＳＤＧｓが世界の紛争解決にどの程度の効果があるかは未知数です。パリ協定で約束された二酸化炭素排出制限も、激化する貿易競争のプラットフォーム上でその数値が達成される見込みは悲観的にならざるをえません。仮に達成したとしても、地球温暖化の進展を止めるのは困難だとの研究発表もあります。アフリカや中東の過酷な自然環境も劇的な改善は望めません。資本主義経済の中で人々の私的な物欲の追求、また生活の向上に伴う食生活の肉食化も必然の過程と捉えるべきです。そのような与件の中で、地球を救うために日本は何ができるのかを示すことが本書の目的です。

地球規模の課題は多岐にわたり、一書で全てを扱うのは不可能ですのでテーマは絞りました。第一章では、地球危機の本質として三大脅威を示しました。環境劣化、資本主義経済の桎梏、平和の崩壊です（図Ⅰ－1参照）。「Ⅱ　環境の劣化」では、1　地球環境（温暖化）、2　生態系の劣化、3　生活圏環境（廃棄物処理）、4　人口と食糧等の問題を取り上げ、概況を述べました。「Ⅲ　資本主義経済の桎梏」では、1　市場の形成、2　産業革命、3　資本主義経済下の二極化の進展、4　資本主義経済の未来、及び5　市場主義について若干の考察を行いました。「Ⅳ　世界平和を蚕食する要因」は、1　武力紛争、2　核の脅威、3　国連安保理の呪縛と国際法の形骸化、及び4　貧困ですが、我が国が抱える課題についても触れています。

第二章では日本の特質に焦点を当て、日本の歴史から得た教訓が地球の危機に如何に有益かを論じました。日本文明、宗教、技術の伝承、共同体意識の発達、及び伝統文化にわたって考察しました。

第三章では日本の取り組みへの提言と、地球の持続性を高める行程表について一案を提示しました。日本の取り組みは、援助の拡充と制度改善、日本語教育の拡充、自治体の活性化、環境保護事業の推進、浪費の縮小、及び外交官活動と情宣の強化が中心です（図Ⅰ－5参照）。その結果、日本の理解国が増加し、外交官の働きかけにより国連憲章が改正され、国連軍及び平和維持軍の役割の拡大と強化が達成され、相乗して核兵器が縮小し多くの宗教・民族間の紛争が縮小することが期待されます。また、日本が最前線の国防に頼っていたアメリカ軍が本土に集中し、沖縄に平和が戻るとともに、拉致の問題も国連が解決する行程を示しています。日米安保条約は中国及びロシアの脅威が縮減するまで破棄できないでしょうが、国連安保理が強化され、国連憲章の条文通りの期待を抱けるようになった段階で再考せねばならないでしょう。それらの案はただの夢物語に終わらないよう、出来るだけ実現可能性の高さを念頭に置きました。

結論と要約のみに興味のある方は「第四章　梗概」をご覧ください。時間の許す方は第一章から目を通していただきたいのですが、そうでない方は第二章あるいは第三章から独立して読むことも可能です。

日本が地球を救う◇目次

第一章　地球の危機

地球は今、環境劣化、資本主義経済の桎梏、平和の崩壊、この三大脅威に曝されています。途上国で生活していればこれらの脅威を肌で感じますが、日本国内にいると何れの脅威も身近に認める機会はほとんどありません。しかし、平和だと思っている日本も国境を接した国々との間に未解決の深刻な課題を抱えています。拉致問題、尖閣諸島・北方領土や竹島問題、密漁や排他的水域における一方的資源開発等々は政府の努力にもかかわらず、解決の兆しも見えません。沖縄の犠牲は今も続き、同地の人たちの完全な平和はいつ実現できるのか、そのシナリオを描くことさえ困難です。

環境劣化に関して、特にアフリカは近年大陸から有機物が減少の一途だと言われます。一因は家庭の料理に薪を使うからですが、はげ山となった傾斜地では侵食が激しく、自然環境が悪化しているだけでなく、食糧生産の畑も脅威にさらされています。植林が追い付かず、緑は加速度的に減少しています。一方、地球温暖化を阻止するためのパリ協定が結ばれましたが、はたして各国の条約履行が滞りなく実施されるかどうか予断を許しません。更に、条約通り二酸化炭素排出が縮減されたとしても温暖化は進行するとの研究発表もあります。

グローバル化した経済は途上国にも押し寄せており、資本の論理は便益より競争の激化をもたらし、二極化は拡大の一途です。また、都市部と地方の生活レベル差は目を覆うばかりです。著者の東ティモール二度目の赴任先は首都ディリからわずか50㎞しか離れていない州都でしたが、首都の生活レベルとは雲泥の差でした。電気は夕方6時から真夜中0時まで、水道水は二日に一度1~2時間だけの供給、という状況でした。酷い時には水道水は半月間、完全に止まっていたこともあります。スーダンの地方都市では水道水はナイル川の水がそのまま供給されていました。当然、その水は鍋の底も見えないくらい濁っており、浄水器が不可欠でした。それらの地の小農は経済競争に疲弊しており都会に職を求めて移住することのみが一家の幸せを懸ける唯一残された選択肢です。都会のスラムに居住した彼ら一家や若者のたどる道の一つは犯罪に走ることです。宗教への誘いも王道だけに限らず、覇道への道、テロに走るリスクも高く、先進国に対する潜在的な脅威となっています。

冷戦が終了して世界平和が実現するかと期待が高まりましたが、その後の推移は期待を裏切り、核の脅威は世界の終末をさえ危惧させます。治安に関して言えば、南米では銃器が街に溢れており、その脅威は想像を絶するほどです。著者の同僚はペルー赴任中に反政府組織センデロ・ルミノッソに射殺されています。また、ボリビアでは10mと離れていない場所で麻薬密売者二人が警察に射殺されました。カンボディア、モザンビーク、南スーダンでは戦争被害が未だ各所に窺え、地雷の被害が眼につきました。今もシリア内戦は完全な終結をみておらず、ヨーロッパへの難民の列は途切れることがありません。近くではミャンマーの難民ロヒンギャ問題は泥沼の様相を呈しています。

三大脅威に加え、領土問題の深化、国際法の形骸化、国連安保理の機能低迷、途上国の人口増加、不安定な食糧生産と配分等の問題も深刻です。それらを惹起した原因等はお互い連関しており、図に示せば図ー１のようになります。図中の矢印でつながる各項目は下が原因で上が結果、と考えます。世界の平和は１９４５年、51カ国が署名して発足した国際連合が担っており、現在加盟国は１９３カ国となっています。同年10月24日に効力発生を見た国連憲章は、国際の平和と安全を維持することを高らかに謳い上げました。しかし、大戦の戦勝国５カ国のみが安全保障理事会の常任理事国となっており、拒否権が与えられている等の

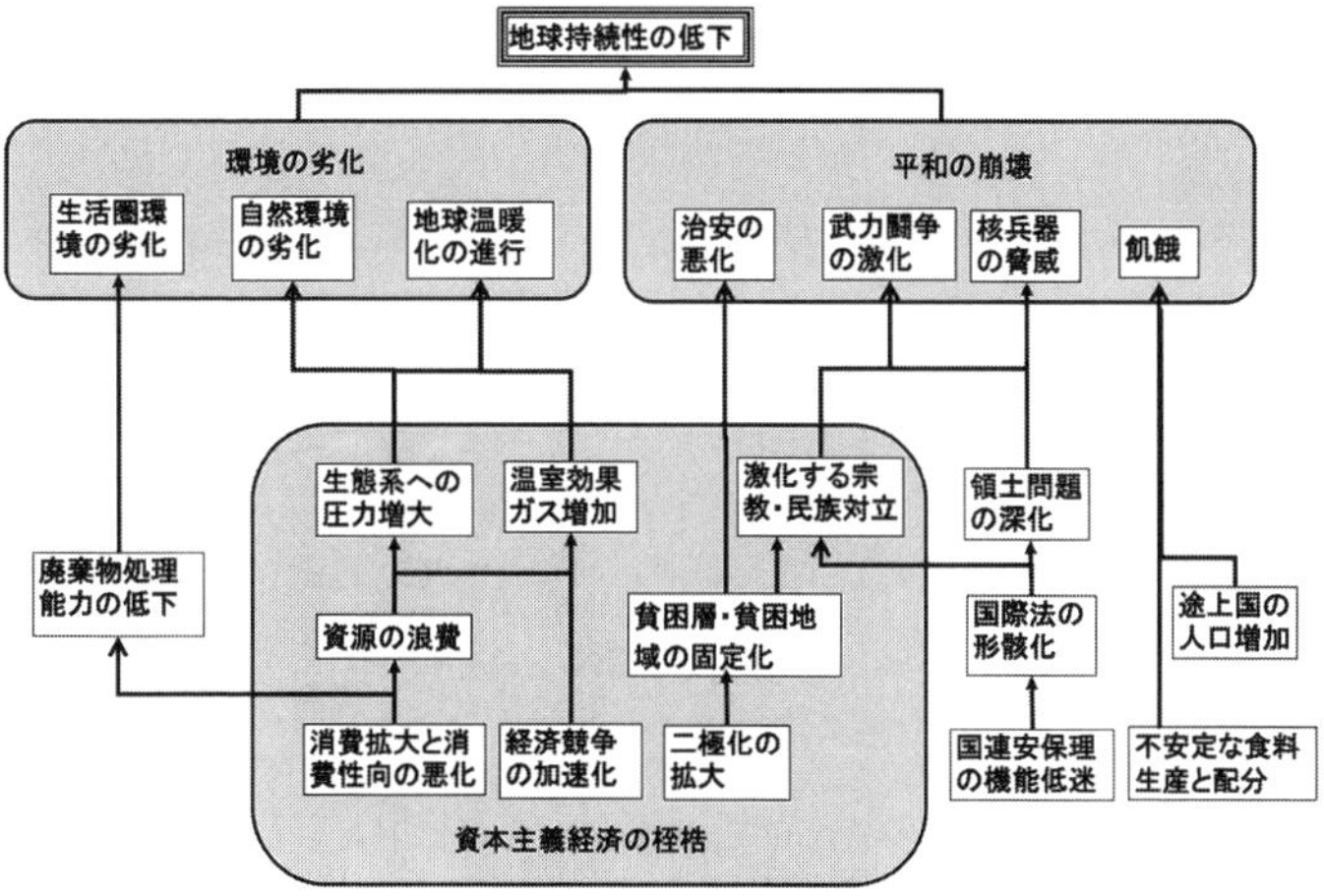

図-1　地球を巡る問題（因果）樹

欠陥により、世界の武力紛争や戦争を完全には制御できていないのが実情です。一方、現代国際法は近代国際法と異なり全ての国に適用され、それを拒否する国は有りません。違法と認定されれば、国際司法裁判所の判決に委ねられることになりますが、理想通り機能していれば、我が国の拉致問題や領土問題は解決されていなければならないのです。国連安保理の機能低迷と国際法の形骸化は武力紛争や核兵器の脅威をぬぐえない原因の一つと考えられます。

図中に明らかなように、資本主義経済の桎梏として二極化の進展や経済競争の加速化があり、環境の劣化、特に地球温暖化の一因となっています。また、貧困問題を深刻化させているのも現在資本主義経済の特徴の一つと言えるでしょう。それは治安悪化の一原因ともなっています。激化する宗教・民族間対立の深層には格差の拡大がオリのように沈澱しており、平和の地盤沈下の大きな原因となっています。

これら主要な脅威、環境劣化、資本主義経済の桎梏、平和の崩壊等の内容についての情報は溢れており、今更詳細に述べる必要もないでしょうが、以下簡単に概観します。

I　惑星としての地球

①ガイアの概念

ガイアはギリシャ神話に出てくる大地の女神の名称ですが、現代では地球を生態圏、つまり一個の生命体、有機体と捉える概念として使われ始めています。137億年前に誕生した宇宙、46億年前に現れた太陽系と地球、その10億年後の生物の誕生、300万〜400万年前の人類の生誕と20万年前の現代人（ヒト）の出現、これら一つひとつの現象が全て途方もない奇跡の結果である、という宇宙の神秘がこの概念の背景にあります。地球上に希有な生物誕生環境が整い、その中に現代人が生まれ知性を与えられたという奇跡の中の奇跡に対する感謝の気持ちを込めて、地球をガイアに譬えているのです。

宇宙の奇跡を敷衍すれば、四季に彩られた山紫水明、水と森に育まれた瑞穂の田園、その自然環境が創りあげた機微に富んだ人情等の日本の奇跡にも思いが至ります。23・4度の地軸の傾きがこの自然の深奥幽玄を醸し上げましたが、この黄道傾斜も宇宙が創り出した傑作の一つとして忘れるわけにはいきません。

一方、地球生態圏（水系、土層、空気圏、オゾン層）のもろさとその環境の脅威となっている温暖化、人口急増や際限のない経済競争に焦点を当て、このままではガイアは破滅に向かうとの警鐘が鳴らされています。

ガイアが一個の生命体であるならば、その中にある全ての水系、動物層・植物層、微生物、地層、空気層等は有機的に繋がっていなければなりません。共生バランスが崩れれば持続性が損なわれ生命体（地球）が衰えるのは必至です。人類以外の全生物は自然の摂理に従い、地球のキャリング・キャパシティー（環境収容力）の中で共生バランスが保たれ、ガイアの脅威とはなっていません。唯一、ヒトのみは既にその限界を超えており、その最大原因は言うまでもなく世界の人口増加であり、一頃までは領土の拡張、植民地獲得競争でした。第二次世界大戦後、植民地は独立し、フロンティアが消失したため、大規模な領土拡張は終止符を打ちました。しかし、現在人口増加の軋轢は貧困、飢餓、争乱を惹起し、経済競争の中で石油・石炭等の過剰消費、環境悪化の一因となっています。この悪循環を断ち切らねばなりませんが、争乱の背景に民族や宗教間の確執、小規模な領土拡張への野心等が絡んでおり、問題を複雑化させています。

一方、経済、特にグローバリズム経済の進展とともにヒトはますます他の生物、生態系への圧力を強めてきています。経済開発の背景には人々の（同時代の他の人々に対し）より良い生活を求めるという利己的動機も窺えます。多様性・便利さの追求という美辞麗句に踊らされ、個人主義・民主主義を後ろ盾に生活パターン、価値観もますます資源浪費型になりつつあるのも大きな課題の一つです。また、技術発展への無条件の信頼が資源浪費を加速させているようです。

人口増や経済の無制限な競争が近代化・工業発展を押し進め、運輸・交通網を蔓延らせています。その流れは世界各地の微気象を悪化させ、土壌侵食を深刻化し、生態系をも蝕みつつあります。このようにガイアは破局に向かい始めていますが、地球上で有機的共生を図り、ガイアの生命を再活性化させるには、まず個々人の地球環境等に対する知識と洞察力を高める必要があります。

②地球、生物、人類の奇跡

宇宙生誕137億年前から現代までの四次元時空間を俯瞰すれば、我々の存在は数多の奇跡の結果であるという事実を再認識せずにはいられません。多くの専門書で述べられている事実ですが、以下簡単に要約しました。

◆奇跡─1　宇宙誕生

その始まりは宇宙の誕生。時間・空間・物質のない「無」の状態から10^{-33}cm³ほどの宇宙がトンネル効果で10^{45}乗分の一秒間に広大な空間が生まれ膨張したのです。インフレーションです。

その数秒後、その宇宙は超高温の火の玉に変貌しビッグバンが始まりました。正にあっという間に宇宙が誕生したのです。１３７億年前のことです。これが１３６億年前に起こっていたとしたら、現在の我々に至るまで後1億年待たねばなりませんでした。何と言う奇跡！

◆奇跡―2　地球誕生

そうしてできた宇宙が30万年後温度が下がるとともに晴れあがってゆき、暗黒の世界となります。そこにわずかな密度のムラと重力が生じ、この重力のおかげで物質は塊を創り出しそれが数百億個という銀河となってゆきます。そして今から約46億年前、我々の銀河の片隅に太陽が生まれます。太陽系内の無数の微惑星はぶつかり合い合体しながら、徐々に成長し、45億5千万年前、今より小さな地球が誕生したのです。その後も合体をくり返しながら現在の大きさの地球になりました。もし、これが45億年前であったなら、現在の我々に至るまで後5千万年待たねばなりませんでした。

◆奇跡―3　生物誕生

地球が誕生しておよそ5億年という長い時間経過の後、光の届かない海底の熱水噴出孔で生命の誕生につながる様々な物質が形成され、その高温高圧化で化学反応により原核生物が誕生したという一仮説があります。それらは、熱水が含む硫化水素やメタンからエネルギーを得て無酸素状態で生きるバクテリアでした。それから更に10億年もの長期間を経て、地球の周りに強い磁場ができ、太陽風の直接の来襲を防ぐようになるとともに、生物は浅い海に進出します。そして、光エネルギーを利用して化学的にエネルギーを作り出す光合成バクテリアが誕生しました。当初は硫化水素等を利用していたのですが、水と二酸化炭素を合成するようになり、酸素を放出するシアノバクテリア（ラン藻類）が生まれます。それから20億年の後、大気中の酸素濃度の上昇に伴い酸素を活用するＤＮＡを膜で包んで守る真核生物が登場しました。カンブリア紀にいくつかの画期的な進化上の発達――えら、血液中のヘモグロビン、心臓――が生じ、海で暮らす動物が酸素を有効に利用し、色々な組織に酸素を送れるようになりました。そのような動物が登場するまで何十億年を要しています。

◆奇跡―4　人類誕生

数十億年の時間をかけ、原核生物から真核生物、植物、動物と進化してきた後、知的種、人類が生まれました。その人類の中、現代人とされる最古のホモ・サピエンスはおよそ20万年前、ケニアで生まれたとされています。地球の歴史では５０００億もの種の中で、言語を発達させたのは唯一現代人のみです。この現代人の発生が5万年でも遅れていれば、当然今の我々は言葉を持たず、知性の発達まで後5万年待たねばなりませんでした。

3 フェルミの仮説

そのような高等生物がこの広い宇宙にはきっと存在するであろうという仮説が人々の間に信じられてきました。そこに、フェルミ・パラドックス（仮説）が考えられたのです。宇宙人（エイリアン）はいるはずなのになぜ我々の目につかず、また接触してきていないのか。フェルミ・パラドックスは論理的に宇宙人が存在しないことを証明するわけではないかも知れませんが、その一つの確率論は説得力があります。つまり、この宇宙には人間だけが高等生物である、という結論こそが最も信憑性が高いこととなります。

物理学者エンリコ・フェルミは地球外文明の存在の可能性の高さと、そのような文明との接触が皆無である事実の間の矛盾を指摘しました。つまり、宇宙人（エイリアン）はみんなどこにいるのか、として次のような仮説を提示しました（佐藤）。

＊宇宙人は存在するものの、何らかの理由でその存在を示す証拠が見つかっていない
＊宇宙人は存在するものの、地球に到達していない

＊宇宙人は存在するものの、地球にたどりつくほどの技術発展をしていない
＊宇宙人は既に地球に到達しているが、地球人が「宇宙人」として認識できない
＊宇宙人は既に地球に到達しており、ハンガリー人を名乗っている（後に完全否定）
＊地球外知的生命体の消息が聞こえてこないのは、地球外知的生命体などいないから

その理由を次のような確率論から導き出している。


＋地球とほぼ同一の環境を有する惑星もあるに違いないが、生命が発現するのはほとんど奇跡と言っていい。10^{100}分の1の出来事（現実的にはほとんどゼロ）。

＋原核生物から真核生物（複合的な多細胞生物）への移行は低い。地球では何億年も要した。

＋明るい恒星は生命が進化するには寿命が短すぎ、暗い恒星はエネルギーが貧弱で生命が栄えることはない。つまり、太陽型の恒星が必要。ガス状の惑星は除外される。

＋何十億年にもわたる継続的居住可能領域が必要。惑星に壊滅的な天変地異、星の衝突等があれば生命は生まれない。

＋有機化合物の成分をうまく結び合わせて生命分子――核酸とタンパク質――にする自然の過程が生じる可能性は低い。つまり、選ぶべきアミノ酸が二十種類あるのだから鎖の正しいアミノ酸が加わる確率は、各段階で二十分の一である。したがって、584個のアミノ酸がある血清アルブミンについては、全てのアミノ酸が正しい順番

で選ばれる確率は10^{760}分の1である。

＋23・4度の黄道傾斜、地球の軸の傾きは何千万年、何億年の間、安定しているが、このことに月も関与している。この傾斜にわずかな変動があっても、月が存在しなくても、惑星の気候に劇的な変化が生じ、生命は発生していない。

知的生命体は文明が発達すれば自ら滅亡する、との仮説もあり、文明の発達が、核兵器のような最終兵器を開発し、何らかの契機によりその使用で生命体は自ら滅びると予測しています。その現実性はいまやガイアの喉元に突き付けられたナイフのように背筋を凍りつかせます。

Ⅱ　環境の劣化

産業革命後（後述）、地球環境は急速に悪化し始めました。現在深刻なのは、「地球の温暖化」、「森林の減少・劣化」、「土壌劣化・砂漠化」、「生物多様性の減少」、「水資源の安定的利用の困難化」、「エネルギー資源の枯渇」などです。特に緊急度が高いのは二酸化炭素、フロン、硫黄酸化物や窒素酸化物などの排出による地球の温暖化であり、森林の減少等による自然環境の劣化は途上国、特にアフリカで深刻です。経済の発展と消費生活の進展は生活圏環境（廃棄物処理等）も蝕み始めました。これらの環境の劣化に対し、ＵＮＩＣＥＦ（国連児童基金）

の『世界子供白書1995』では、21世紀半ばを想定して人類社会に関する明暗二つの未来ビジョンを提示しました。

ビジョン1：
世界の不安定な状況は継続したまま世界人口は120億人に迫る。途上国世界では、依然として貧困、人口増加、環境悪化の悪循環から抜け出せず、森林の伐採や丘陵地の侵食が一層激しくなり、都市のスラム化が加速する。一方、各地で内紛や国際紛争が頻発し、内外の難民問題が深刻化する。先進国世界では、物質消費の拡大傾向が収束せず、このまま環境汚染が続く。さらに巨大な人口を擁するアジアや中南米のいくつかの国々で物質消費が先進国並みになり、これらの国々のエネルギー消費量や環境汚染物質の放出量がかつての先進工業国のそれを上回る。その結果、地球環境は加速度的に劣化し、人類社会の破滅は時間の問題となる。

ビジョン2：
世界の安定化のための国際協力が実り、世界人口は80億人でピークを打ち徐々に減少に転じる。途上国世界では、国際協力を背景にして各国政府が未来を担う子供たちのために健康、栄養、教育といった基本的な社会サービスの充実に努める。その相乗効果からついに貧困、人口増加、環境悪化の悪循環から脱出することに成功し、人々に対し成長の恩恵が平等に配分される。先進国社会では国際社会の連帯が進み、進歩のパターンを模索するようになる。その結果、地球環境の劣化に何とか歯止めがかかり、無事に未来世代に引き継げる見通しが立つ。

地球はこれら二つの岐路に立っており、どちらに進むかの鍵は世界の取り組みに係っていると訴えており、評価できます。次節で環境悪化の諸要因を簡略化して表記しました。

1 地球環境（温暖化）

ウィキペディアによれば、地球温暖化（Global warming）とは、気候変動の一部で、地球表面の大気や海洋の平均温度が長期的に上昇する現象です。最近のものは、温室効果ガスなどの人為的要因や、太陽エネルギーの変化などの環境的要因によるものであると言われています。単に「温暖化」とも言われます。

地球表面の大気や海洋の平均温度は「地球の平均気温」または「地上平均気温」と呼ばれ、地球全体の気候の変化を表す指標として用いられています。地球の平均気温は1906年から2005年の100年間で0・74℃（誤差は±0・18℃）上昇しており、長期的に上昇傾向にあると信じられています。これに起因すると見られる、海水面（海面水位）の上昇や気象の変化が観測され、生態系や人類の活動への悪影響が懸念されているのが実情です。

地球温暖化の影響要因としては、人為的な温室効果ガスの放出、なかでも二酸化炭素やメタンの影響が大きいとされています。太陽放射等の自然要因による変化の寄与量は人為的な要因の数パーセント程度でしかなく、自然要因だけでは現在の気温の上昇は説明できないとされています。地球温暖化は、気温や水温を変化させ、海面上昇、降水量（あるいは降雪量）の変化やそのパターン変化を引き起こす原因と考えられています。洪水や旱魃、酷暑やハリケーンなどの激しい異常気象を増加・増強させる可能性や、生物種の大規模な絶滅を引き起こす可能性も指摘されており、地球全体の気候や生態系に大きな影響を与えると予測されています。

このような現況の中、気候変動に関するパリ協定が２０１６年11月４日に発効することになりました。その時点での批准国、団体数は欧州連合を含めて１１０カ国です。２０１７年10月と11月に、それまで参加していなかったニカラグアとシリアが批准を表明し、全世界が参加する協定となりました。

その一方、アメリカ合衆国大統領選挙に勝利したドナルド・トランプ大統領は地球温暖化に懐疑的で、２０１７年６月に協定からの離脱を表明しました。

一般に地球温暖化等の気候変動への対処は、温室効果ガスの排出削減と吸収の対策を行う「緩和」と、既に起こり始めている温室効果ガスによる影響への「適応」に分けられます。パリ協定も、「今世紀後半に温室効果ガスの人為的な発生源による排出量と吸収源による除去量との間の均衡を達成するために、（中略）世界全体の温室効果ガスの排出量ができる限り速やかにピークに達すること及びその後は利用可能な最良の科学に基づいて迅速な削減に取り組むことを目的」（第4条1項）としており、「持続可能な開発に貢献し、及び適応に関する適当な対応を確保するため、この協定により、気候変動への適応に関する能力の向上並びに気候変動に対する強靭性の強化及びぜい弱性の減少という適応に関する世界全体の目標を定める」（第7条1項）と規定しています。

パリ協定の最大の特徴の一つとしてあげられるのが、各国が、削減目標（「各国が決めた貢献」〈英：Nationally Determined Contribution、略称：ＮＤＣ〉）を作成・提出・維持する義務と、当該削減目標を達成するための国内対策をとる義務を負っていることです（第4条2項）。しかし、目標の達成自体は義務とされていない事実は画竜点睛を欠いているのではないでしょうか。

２ 生態系の劣化

石弘之の報告によると、世界の環境崩壊ベルトは次の箇所です。

1　アフリカ大陸のサハラ砂漠の南側に連なるサヘル地方

2　東アフリカのエチオピアからタンザニアにいたる東アフリカ高地
3　アジア大陸のパキスタンからインド北西部を通過してバングラデシュに至る一帯
4　東南アジアではタイ北東部からマレーシア、ボルネオ島、フィリピンに至る弧状の地帯
5　中南米ではメキシコからボリビアなどのアンデス山脈に続く一帯

これらの地域は何れも災害の多発に悩む飢餓を伴った貧困地域です。特に乾燥地帯のアフリカでは砂漠化や土壌の侵食、干ばつの頻発が深刻な問題で、貧困も慢性化しています。アフリカ地質基盤は35億年前に形成され、凡そ2億年前に地殻変動を終え、主に花崗岩で形成された結晶質の楯状地を作り上げました。例えば、ザンビア高地は石灰岩、泥炭岩、頁岩、砂岩、片岩、礫岩でなりますが、数百万年かかった風化の結果、農業的に価値の低い土質で覆われることとなりました。また、地形は標高９００~１４００mの比較的なだらかな高原部が大部分を占めるものの、侵食に強い花崗岩や片麻岩が、でこぼこの山やドーム状の丘を作り、シロアリの巨大な蟻塚跡とも重なって、その微地形は凹凸が激しく、必ずしも営農に最適とは言えません。降雨パターンの月・年変動も激しく、地形の凹凸の影響で常に農家に干ばつと湿害双方の脅威を与えるところとなっています。

比較的雨に恵まれない当地域では植生の繁茂も少なく、有機質の蓄積はアジアや熱帯雨林地

域に比して劣ります。また、N、P、Kの主要素に加え、微量要素もしばしば少なく、それら土壌栄養は収穫、溶脱、流出によって失われ、土壌肥沃度と作物収穫は急速に低下しています。それら地域で永続的な営農を行えば、裸地化した農地では侵食・土壌風化が加速し有機質は更に減少します。年ヘクタール当たり20～170トンの土壌が侵食で損失するとの報告もあります（国際農林業協力協会、1988）。古来より、土着農民は焼畑農業を営み、有機物の十分な再生を待って土地の生産性の衰えに対処してきましたが、近年、人口圧、都市のスプロール化、森林伐採、鉱山開発、搬出用道路敷設、近代的土地法による制約等のため、焼畑に使用できる土地の狭小化が始まりました。土着農民は定着農業を強いられ、土壌管理技術が伴わないため、ただ生産性を落とす結果を招いています。ザンビア東部州では生産性が落ちた土地を村集団が見限り、新たな土地に村ごと移住するケースも観察されています。

人口圧は農業用地を制約するのみでなく、燃料確保に競争原理を持ち込みます。居住区周辺で薪や炭等の燃料となる木材伐採が進んで、その再生速度を上回った時、より遠隔地への木材採集を住民に強いることとなります。時に木材採集のため10kmを超える森林まで徒歩で往復する苦痛は主に女性と子供達が担うこととなります（写真1－1参照）。

これら地域では水が植物成長の主要な制限因子となりますが、農家にとって最も脅威となるのは降雨の不確実性です。それぞれの農年において何時どれだけの雨量が期待できるかについ

写真-1　ザンビア、薪を運ぶ婦人たち

（注）著者撮影

写真-2　青ナイル川水源、タナ湖。奥にはげ山が連なる

（注）著者撮影

て、年平均降雨量は何も語っていません。栽培期間全期を通じ、適度の土壌湿度を保つ降雨パターンが望まれるのですが、雨は決して期待通り均等に降らないのが最大の悩みです。

これらの結果、十分な雨量が栽培期間に得られない年は干ばつとなり、極端な地域では収穫皆無となります。干ばつが広い地域で観察された年はニュースとして報道されますが、逆に降雨過多の害の報道は少ないように観察されます。

降雨パターンに対しては複雑な戦略構想が立てられなければなりません。最も確実な戦略は灌漑排水施設設置であることは言うまでもありませんが、その資本を有するのは大規模農家であり、小規模土着農家には縁が遠い技術と言う他ありません。適正点滴灌漑、足踏みポンプ等の小規模灌漑機具の普及も始まっていますが、数百ドルの価格は大多数の自給農家には高嶺の花です。降雨パターンが小規模農家の生命を握っている状態は、画期的な対処法が考え出され、普及するまで続くでしょう。

3 生活圏環境（廃棄物処理）

人類の誕生以来、廃棄物は発生しており、その処理問題も存在していました。しかし、天然資源そのままの利用段階ではその問題は深刻ではなく、例えば現在貝塚等として残っているのは貝や獣、魚の骨等を投棄していた跡で、周辺環境や生活圏への影響は最小限であったものと推測されます。廃棄物の深刻な問題は産業革命後に顕在化してきました。特に20世紀に入ると、資源採取、生産、消費、廃棄といった社会経済活動の全段階を通じて大量生産、大量消費、大量廃棄型の社会経済システムが出来上がりました。経済成長に伴い、特に都市部において人口が増加し、生活が近代化するに伴って、廃棄物は幾何級数的に増加してきたのです。廃棄物の大量発生は自然破壊、埋立処分場の問題など、環境に対するさまざまな悪影響を生じることとなりました。

また、20世紀末頃から開発途上国において急激な経済発展と人口増大が加速し始め、廃棄物の発生量の増大など環境負荷の増加はこれまでのような先進国だけに止まらず、それら開発途上国で懸念される段階となってきています。特に開発途上国においては廃棄物処理等の意識や技術の未熟さから環境に与える影響はさらに増大する可能性があります。大量消費の始まりとともに、質的にも自然界での分解が困難な物質を多量に自然環境に排出することによって成り立つ「一方通行」型の社会経済システムは、将来に亘って環境に悪影響を与える負の遺産となります。開発途上国は経済開発が最大の課題であり、廃棄物処理に要する人材育成、処理施設建設等のコストを負担できるほど予算に余裕は有りません。問題が複雑化し、不可逆的な時点に到達する前に対処することが求められています。

④ 人口と食糧

世界人口は約73億7236万人と推定されており（2018年4月）、増加率はおよそ1・1％。毎年8300万人増加していることになります。国連が発表した世界人口推計では、2050年に98億人まで増えると予測されています。増加率が高い国はインド、ナイジェリア、コンゴ、パキスタン、エチオピア、タンザニア、アメリカ、ウガンダ、インドネシア、エジプトです。現在人口が約14億1000万人で世界1位の中国は、2050年に13億6000万人となり、現在の約13億4000万人から2050年には16億6000万人に増加するインドに抜かれると考えられています。

近年、インドとナイジェリアの人口増が際立って高く、アフリカ全体でも現在の約12億人から、2050年にはほぼ2倍の約25億人まで増えると考えられています。国連の推計では、2100年の世界の人口はアジアが47億人、アフリカが40億人になるとされています。これはアジアとアフリカだけで世界の人口の90％を占める数値です。

インドは米・麦等の栽培が盛んで、農業生産高は増え続ける人口を支えるのに問題ないように思えますが、問題となるのはやはりアフリカ諸国であり、かの地の気候変動や降雨量・パターンの不規則性が農業生産を阻み、増え続ける人口を養うに足るだけの食糧増を達成できるかどうか、大きな不安材料となっています。また、前述したとおり、干ばつのリスクが高く土壊侵食が激しいため、今後の農業生産の安定と増加には大きな足かせとなっています（写真ー2参照）。農業インフラ、特に灌漑施設の不備や、農薬・肥料等の農業資材不足も深刻で、更に遠隔地の小農は技術レベルが低く、情報や政府の普及支援からも取り残されており、これらの点も悲観要因となっています。突発する自然災害による飢饉は多くの餓死者を出しています。

一方、アフリカのある国がその国の食料総需要量を単に生産しているだけでは、国全体の飢餓を撲滅できない点に着目する必要があります。分配の問題とも言え、飢餓地域が貧困である限り食料が必要量、必要な時期に配布される可能性は低いことが指摘されています。アマルティア・センが『貧困と飢餓』（１９８１）でいみじくも指摘したように、エチオピアの飢饉は国の総食料生産が需要量を満たしている中で発生しています。その後の推移もセンが分析を行った１９７２～１９７４年の状況から改善されていません（「東南部アフリカの村落開発」２００６）。彼は根本問題は食糧供給の不足ではなく、様々な階層の人々が、様々な程度に食料を手に入れる能力（entitlement and capability）を失ったことが問題であるとしています。この状況に暴力（社会的、個人的）や治安悪化が加われば致命的となり、貧困者の餓死を見ることとなります。更に、地域的に自然災害に見舞われると凶作となり、結果飢饉を招くこととなります。

日本は旱害、冷害、風水害、虫害（特に蝗害）による大凶作が、稲作が開始された古代以来宿命ともなってきました。特に江戸時代には多数の大飢饉の発生が記録されています。約三年に一度の割合であった、との記述もあります（『飢饉』菊池勇夫、２０００）。一方、アフリカにおける凶作の原因は多くが干ばつによるもので、バッタや鳥害（クエリャ）、水害等も突発します。天災の深刻度は日本に比して少ない印象ですが、問題は平常年でさえも豊作を見ることは少なく、毎年僅かな収量に甘んじている事実です。

ところで農村部の飢餓は貧困層にのみ発生している事実に注目する必要があります。農村部貧困層の大多数は土地無し（小作、労働者等）を含む小規模農家です。そのほとんどが遠隔地、孤立地域で立地劣悪であるため、大農場も少なく、他の雇用機会はほとんど無いのが実情です。つまり、飢餓の問題は遠隔地・孤立地域の小規模農家の（貧困）問題であると言いきっても差し支えないでしょう。

飢餓は単にカロリー不足による直接的死亡原因になるというに止まらず、「隠れた飢餓（Hidden Hunger）」と言われるビタミン・ミネラル不足は出産や子供の発育の障害となり、更に各種疾病、マラリア、下痢、はしか、肺炎、寄生虫病その他の死亡率を劇的に悪化させます。飢餓による開発や福祉への影響は計り知れません。

Ⅲ　資本主義経済の桎梏

1 市場の形成

1万年前、農業と家畜飼育を発明した現代人（ホモ・サピエンス）は、先の多くの人類が歩んだ絶滅の轍を踏まず、種の永続を手中にしたかにみえます。当時、あるいはそれ以前から現代人は部族内（あるいは部族間？）で採集した食料や衣料原料等の交換を行っていたでしょうが、農業と家畜飼育が始まった後はそれら余剰産物の交換が加速化したと想像されます。物々交換で始まった物の交換はやがてその仲介となる貨幣を生みました。貨幣は生産者と消費者間の物の交換を円滑化するとともに広域流通を可能にし、物の交換を更に増加させたのです。需要と供給間の距離や障壁が縮小するとともに、生産はそれに伴って加速度的に増えていきました。その中でマーケット（市場）は自己増殖を続け、貨幣による市場経済が確立しました。その経緯の中で人口増が必然的に伴走を始めましたが、市場経済の発展自体は人類の永続に寄与こそすれ、何らガイアの持続性に影響を与える要素を含んでいなかったはずです。

16世紀、ドイツにおける宗教改革を契機として労働は苦役や罰としてよりも、代償としての神の加護を得るための神聖な義務として見なされるようになりました。プロテスタンティズムによるこの動きは資本の蓄積を加速化し、その流れがやがて市場経済の中に近代資本主義を生み、一方で労働を高く評価しながらも他方では金融業を発展させ、労働の対価として受け取る貨幣額を上回る利潤を生み出し始めたのです。その端緒は金貸し業で、金融資本主義経済の勃興です。江戸時代にもその萌芽は表れています。しかし、労働を神事と捉えていた当時、それは世間では必要悪と見られ、お天道様の下の全うな仕事とみなされていなかった一面もありま

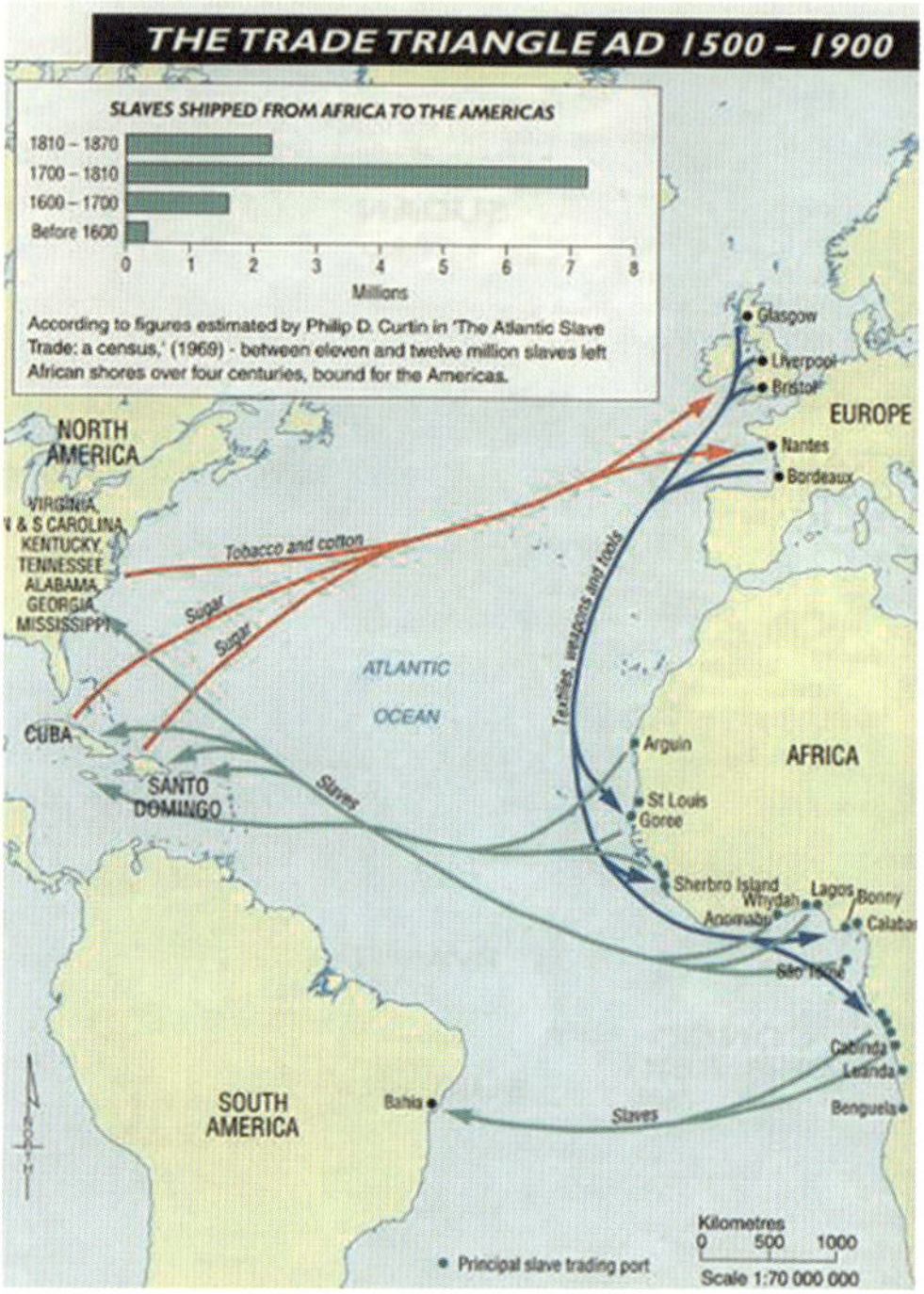

図-2　三角貿易の実体

(Macmillan Secondary School, Atlas, Kenya, 2005)

す。『ベニスの商人』に描写されている如く、ヨーロッパにおいても高金利の金貸し業は当初は日本と同じように蔑視されていた事実が窺えます。

2 産業革命

本来、生活と子孫繁栄のための物の交換であり、貨幣であり、それらの「場」となる市場に、いつの間にか必要最低限のハードルを越えた営利組織が勃興してきました。それらの会社組織は一方で雇用を創出しつつ、他方では資本により生産機構を創り上げ、生活必需品に止まらず、際限のない豊かさ、便利さへの追求や、個々人の奢侈品への欲望、更に進んで地域や国家の野望を満たすための工業生産を始めました。18世紀末（1760年頃）にイギリスで始まった産業革命がその流れを急加速したのは言うまでもありません。やがて西欧各国に飛び火した産業革命は資本家と労働者からなる明瞭な社会構造を創り上げました。その時、貨幣は既に形而下の役割を終え、資本という抽象的な形而上の怪物となっていくのです。産業化・工業化は資本を必要とし、資本は産業化・工業化を求めました。両者は双子の怪物となって政治さえも僕にしてしまったのです。産業革命以前から西欧諸国は武力により植民地化を進めていましたが、その植民地から得られる膨大な資源（農産物、貴金属、奴隷等）が産業革命に必要な資本を作り出していたのは歴史的な事実です（図Ⅰ-2参照）。また、産業革命による機械化が進み、大量生産された各種工業製品をそれらの植民地に売りつける三角貿易体制を確立し、二重の利益を植民地から生み出していました。フロンティア（キャリング・キャパシティーの最前線）の縮小をその背景とし、ヨーロッパによる国土拡大の動きは結局地球を西と東から廻って極東にたどりつき、最後に残った国、日本は遅ればせながら同じ道（実はその逆、つまり東西方向の西洋への対抗）を歩み始め、武力による国土拡張競争を模倣し、遂に戦争にまで行き着いたのです。

③ 資本主義経済下の二極化の進展

第二次世界大戦後、戦争の悲惨さではなく、核戦争による地球滅亡の恐怖感が大国間の戦争を凍結し、均衡は現在までかろうじて保たれています。その状況を世界平和への道程と考えるのは幻想です。１９９０年、冷戦後に顕在化したのは資本主義社会の宿命的欠陥とも言える富裕層（国）と貧困層（国）の二極化の進展でした。共産主義が衰微し東西の壁が打ち壊された時点では人々は平和な時代の到来を予感しさえしたのです。その後、先進国では概ね安全で平和な日々が続いており、足許の脅威に気づかなかったのです。途上国の、特に地方部では満足な食料にさえもありつけず、危険に満ちた場所であるという情報には接しているものの、その深刻さを肌で感じることはありませんでした。何らかの個人あるいは国の努力、例えば資金や技術の援助がその状況（貧困と治安悪化）を変えうると信じているかのようです。しかし、貧困を背景とした紛争が家族の生命や肉体を脅かす時、彼らの子孫の幸福への選択の余地は、難民や移民となって先進国に大逃避するか、現況制度（資本主義経済）への挑戦しかありません。後者の兆候が現実化し始めたのは9・11のテロであり、ボコ・ハラム、イスラム国、アルシャバーブ、そして各地の自爆テロがそれに続きました。例えばイラクにおけるシーア派とスンニ派の紛争等の例外はありますが、その他は宗教戦争や地域紛争という仮面をかぶった資本主義への抵抗であると考えられます。

これらのテロや騒乱の原因への合理的解

写真-3　自由競争の経済の中で資本家と戦うアフリカの小農（ブルンジ、綿の出荷）

（注）著者撮影

釈は唯一、貧富・生活レベルの格差であり、それを加速させている資本主義経済への挑戦と捉えるべきです。特に自由と民主主義という錦の御旗の旗手として資本主義経済を押し進めているアメリカがターゲットになっているのは必然でしょう。自爆テロ事件が起こる度に、その残虐性や被害者への同情に焦点が当てられ、犯人が何故自分を犠牲にしてまで訴えようとしているのか、抵抗しようとしているのか等の犯人側に対する真底からの分析はほとんど無視されてきました。第二次世界大戦前の日本が百に一つも勝ち目はないことが分かっていながら、宣戦布告が唯一の選択でしかなかった状況に似ていなくもありません。しかし、当時アジアで行った全ての日本軍の行動が現地の人たちに受け入れられたわけではないのと同様、テロ自体に正当性を与えることはできません。必要なのはテロを起こしてまで抵抗せざるを得なくしている二極化を加速させている現況経済体制を世界規模で修正する気運を育てること、と言えるでしょう。

ＩＴ産業に代表される近代化の進展は労働（雇用）を生み出す一方、生み出された労働は交通手段、通信手段等の更なる近代化を必要とします。果てしない近代化と雇用創出の追いかけっこは人々の間の競争激化をあおり、環境に対しては負荷の増大とキャリング・キャパシティーの縮小という帰結を招いています。植民地独立により地理的フロンティアが行き止まり、仮想空間たる金融フロンティアもリーマンショックでその限界を曝しました。続いて資源収奪や環境への負荷を通して自然フロンティアも縮小の一途です。その一方、人々の欲望（消費欲）は映像手段（テレビ、インターネット、スマホ等々）によりますます刺激され、次から次へと物が溢れ、欲望の追求に拍車がかけられているのが現状です。近代化は持つ者と持たざる者の差を物理的な物の形として白日の下に晒し、二極化は一層拍車がかけられているように窺えます。

トマ・ピケティは近年二極化是正に政府の税制改革を提案しました。富裕層への負担を増す累進課税制です。各国は既に多かれ少なかれ累進課税制を実施しており、富裕層へのより一層の課税は経済活動にマイナスに作用するとの意見もあり、税制改革による貧富格差の縮小は容易でない実情が窺い知れます。

4 資本主義経済の未来

資本主義経済のプラットフォームで起こっているこれらの現象は、我々人類に明るい未来を保障しているのでしょうか、ガイアの持続性を高めているのでしょうか。個々の開発、近代化、経済発展等の樹々のみを見る限り全て正当化されるものの、それらを総合した時の森は過繁茂の一途となっているような状況ではないでしょうか。資本主義経済が肥大するに伴い、二極化が世界平和を脅かし、自然環境も劣化し、ガイアの持続性は蝕まれる一方であったと言うのではないでしょうか。あたかも狭い部屋に最新型のテレビ、冷蔵庫、洗濯機、コンピューター、冷暖房機、各種家具等を揃えた結果、住空間が全くなくなるようなものではないでしょうか。ポピュリズムとなった政治は大衆迎合の結果、経済の奴隷となったのは必然の動きとも考えられ、近代化と経済発展をますます助長する政策をとっているように思えます。現況の政治体制に根本的な資本主義の改革を期待すれば失望を招く結果に終わるのは必至でしょう。

「資本主義は自壊した」と言う中谷巖の論は説得力があります。その中で、金融社会の不安定化、競争社会におけるあくなき資源の収奪、そして二極化の進展を（資本主義の）「三つの根源的欠陥」と特定しました。また、ジャン＝ピエール・デュピュイは『経済の未来』の中で、「賢明な破局主義」を提唱しています。中谷同様、資本主義経済を悲観的・末期的に見ているものの、二人の解決策、処方は趣を異にします。「賢明な破局主義」を完全に理解するにはその著書を通読せねばなりませんが、訳者、森元庸介はあとがきで次のような理解を示しています。「……破局を予言することで、予言された当の破局を万一にも回避することを可能にするかもしれない偏向を作り出そうとする試み。それは同時に、そうあってしまうだろう未来を悲観の内で見据えながら、そうではないかもしれない未来を楽観の内で見通すための小さいけれども確かな足場を確保しようとする試み……。」デュピュイは言います。「忌まわしいと思われるに十分な程度に破局主義的で、かつ、その現実化を――ただしアクシデントをのぞいて――阻む行動を開始させるに十分な程度に信憑性のある未来についてのイメージを共有すること、それこそが予期された当の破局を回避するために必要な、そしておそらくはただ一つ可能な方途なのだ……。」「囚人のジレンマ・ゲーム」を縦横に駆使したこの哲学者による経済論の難解さはさておき、資本主義の未来は明るくないと言うメッセージは明快に伝わってきます。

5 市場主義

充分に情報に接したわけではありませんが、市場主義と資本主義の関連、対比した考察は少ないように思われます。佐和隆光はその著書『市場主義の終焉』の中で市場主義を俎上に載せ、その陥穽と今後の経済指針を提示しています。水野和夫による『資本主義の終焉と歴史の危機』は多くの統計を表やグラフにまとめ、論理的かつ説得力あふれる好著であったのに対し、佐和の著作においては、統計的な論理展開より情緒的な訴えが目立ちました。しかしながら、市場主義を論じた数少ない著作として特異な存在と考えられます。市場主義を論じた著作は、当該著作の他マイケル・サンデルの『それをお金で買いますか――市場主義の限界』があります。この二冊から「市場主義」について考察すれば、以下のようになります。

その前に「市場主義」の定義から始めましょう。この二冊を隅々まで検索しても定義については触れられていません。ネットのウィキペディアによると、市場（経済）主義は市場原理主義と同義で、以下のように定義されています。

低福祉低負担、自己責任をベースとし、小さな政府を推進し、政府が市場に干渉せず放任することにより国民に最大の公平と繁栄をもたらすと信じる思想的立場。発言者の経済哲学によって批判的に軽蔑語として使われることもある。

市場原理主義思想は、政府の経済・社会政策、ならびに個人の人間類型などに適用したものである。特に歴代の米国共和党政権や、英国のサッチャー政権、日本の中曽根政権・橋本政権・小泉政権の時代、市場原理主義の思想が重視された。この言葉は世界各国で小さな政府の推進、国営事業、公営事業の民営化などを正当化する一助として用いられてきた。

市場主義は環境に無関心であったり、二極化を排除せずむしろ歓迎するきらいがある、としている。つまり、格差の存在こそがインセンティブとなって、上昇志向や社会の改善につながるというわけだ。この点は資本主義と共通する。

佐和及びマイケル・サンデルの著作中における「市場主義」は前記定義と少しニュアンスを異にします。前者は資本主義と混同して論じられていたり、経済の土俵における市場の欠陥を指していたり、定義のふらつきが目立ちます。しかし、保守とリベラルの対比や市場（主義）の弱点の指摘には納得させられます。究極的には市場主義にも反市場主義にも与しない、言ってみれば、両者を止揚（アウフヘーベン）する革新的な「第三の道」を提案しています。第三の道はアンソニー・ギデンスが提案し、ブレア首相が推進しました。つまり、旧式の社会民主主義と新自由主義という二つの道を超克する道、というわけです。

一方、サンデルは市場経済における取引に焦点を当て、金によるある種の売買に疑義を訴えています（マイケル・サンデル）。あるものが「商品」に変わるとき、何か大事なものが失われることがある、として、金によって正義が貶められたり、腐敗を惹起したりしている事実を数多く例示し、その倫理観の欠如と今後の正しい方向性を示唆しました。例えば、臓器売買、行列への割り込み（飛行機の搭乗時、ファーストクラス、ビジネスクラスは優先される）等です。彼は市場（マーケット）の問題を取り上げており、定義通りの市場主義については触れていないものの、正義を市場の評価基軸におく点等は正に政治哲学博士の面目躍如たるものが読者に伝わってきます（著書の日本語表記には市場主義の限界、とあるが原語ではThe Moral Limits of Marketsとなっており、市場の倫理限界、と訳すのが正しいのではないか）。

それにしても堂々と市場に倫理をふりかざして立ち向かう度胸には、臭いものに蓋をしがちな日本人は見習う必要があるのではないでしょうか。空気を読み、他人との同調を優先しがちな日本教信者の欠点の一つとも言えます。一方、正義とは何か、と迫るサンデルではありますが、例えば広島の原爆投下に対しては態度をあいまいにしています。また、ビジネスクラス等で旅行するとき、エコノミークラスの最後尾に並ぶかどうかも興味があります。不言実行を理想視する日本人の価値観で判断すれば、若干首をかしげたくなるのは否めないでしょう。

これらを要約すれば、佐和は平等の観点から公正な社会の構築のために市場改革を行うことが喫緊の課題であるとし、サンデルは正義をかざして「市場」の行き過ぎを糾弾するとともに、弱者を排除せず市民が共通の生を分かち合う共通善の実現のために、公共の場で熟議しようと提案しているのが特徴でした。

さて、資本主義と市場主義ですが、前者が社会（国家）規模で論じられるのに対し、後者は政権や個人レベルでの経済指向である事実が浮き彫りになったと言えるでしょう。対義語は、前者が社会（共産）主義であり、後者が（おおむね）リベラル（リベラリスト）、と言えるでしょうか。

経済は、人類を幸せにできるのか？　と問うダニエル・コーエンは以下のような予測をしています。

……富の追求の前に立ちはだかる障害を、効率性の名のもとに乗り越えようとしてきた〈ホモ・エコノミクス〉は、競争相手である「ホモ・エシックス」（道徳・倫理的人間）や「ホモ・エンパシス」（共感的人間）たちの協力関係や他者への思いやりを望む人間的な側面を追い払ってきた。しかし、競争相手を打ち負かし、勝ち誇った〈ホモ・エコノミクス〉は、理想が奪われた世界に人間性を閉じ込め、最終的には非効率になって自分も滅びてしまうだろう。

……競争がそれ以外の「情念の代償」によって癒されることがなければ、競争だけで未来を築けると考えるのは、人類学上の幻想に終わり、その失敗の報いは大きいものになるだろう。競争と協力とのバランスを図る際には、労働の魅力を再び高め、無償と有償の境界を整理し、ヨーロッパ諸国間の協力をはじめとする国際協力について再考しながら協力をよみがえらせなければならない。

著者には経済の理想像を想像する能力も、代替案を提示する知識もありません。資本主義の桎梏に対しては、当面は対症療法で痛みを緩和する他ないでしょう。主要な療法は貧困と飢餓への対策です。当課題は第三章で再び取り上げます。

Ⅳ　世界平和を蚕食する要因

①　武力紛争

古来より国家間、地域間、宗教間に武力紛争、戦争はつきもので、それらが途絶えることなく現代に続いています。１９４５年国連が発足し、国際法が効力を発揮し始めて、ある程度これらの戦争を抑制することに成功し、現在２０１８年末まで世界戦争は起こっていません。しかし、国連が国際法等を頼りに戦争や武力闘争を根絶することは不可能であるにしても、人類

写真-4　ルワンダ大虐殺の一現場

5,000人前後が虐殺されたンタラマ教会、外観と内部。

（注）著者撮影

が等しく平和を享受できる程度にまで減少させるのは容易ではありません。また、相手が特定できないテロも西欧諸国を中心に勃発しており、平和を蝕む一要因となっています。

教訓―1　南スーダン、部族紛争

独立前の2004年10月、数十年にわたるスーダン南部抗争は最終局面を迎え、包括的和平協定署名がスーダン政府とSPLM（Sudan People's Liberation Movement：南スーダン側代表政府）間で結ばれようとしていました。協定が結ばれれば復興に向けて国際社会は一斉に開発援助を開始する計画です。スーダン合同評価調査団（Joint Assessment Mission for Sudan：JAM）は国連及び世銀がイニシアチブをとり、2003年末からスーダン復興計画策定のために準備されてきた期間限定組織でした。2年間の移行復興期、及びその後4年間の中間再開発計画を策定し、2010年までの具体的事業計画に優先度を付して国際社会、特に署名後に予定されているオスロ会議に提示しようとの目的を掲げていました。

JAMは8クラスターからなり、著者は日本からの唯一の参加者として第四生産クラスター南スーダン調査団に参加しました。調査団国際チームは臨時団長Mr. Jack W. van Holst Pellekaan（世銀）、農村開発を担当するMr. Christopher F.Baker（FAO／EU）、農業研究担当Dr. Richard B Jones（ICRISAT）、及び作物生産（特に稲作）を担当する著者の四人でした。南スーダンの中心街ジュバ市は当時北スーダンの飛び地支配地で未だ入境できず、ナイロビからSPLMの本拠地イエイまで10人乗りビーチクラフトで飛んだのです。イエイ市内はもちろん周辺道路も未舗装で、道路わき5mの場所では地雷撤去作業の最中でした。そのような過程で著者たちは無事任務を終了し、報告書を提出したのです。

次の南スーダン訪問は独立後2011年3月に実施された、JICA開発案件発掘調査でした。この時も軽飛行機をチャーターし、主要都市を巡回、現地調査を行ったのです。調査報告の結果、専門家派遣と研究プロジェクトが承認され開始されました。南スーダン

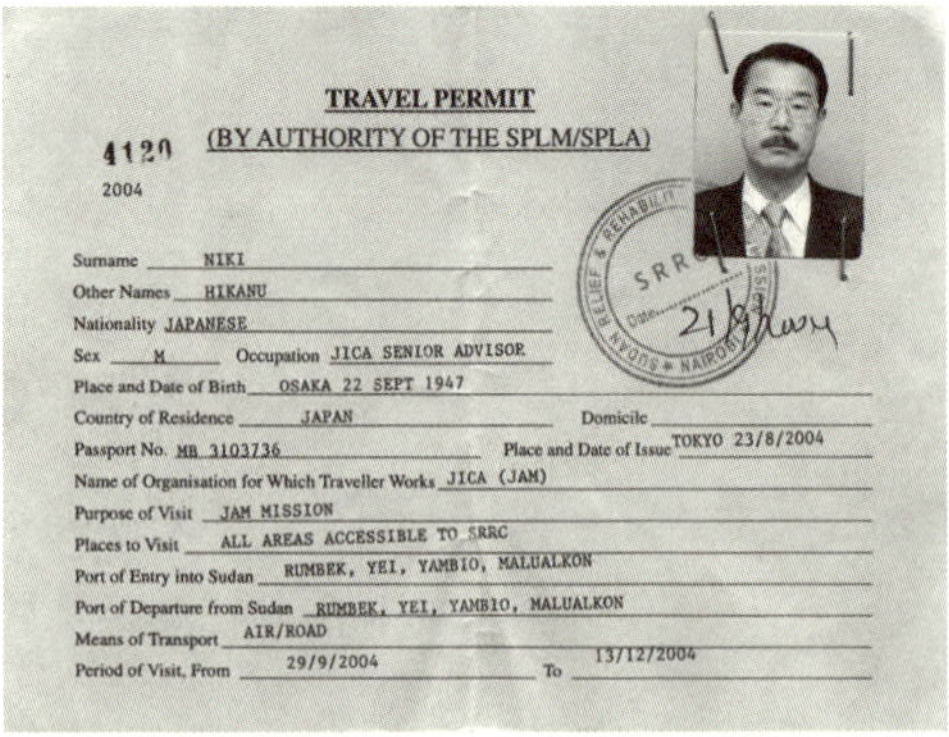
TRAVEL PERMIT
4120 (BY AUTHORITY OF THE SPLM/SPLA)
2004

Surname NIKI
Other Names HIKANU
Nationality JAPANESE
Sex M Occupation JICA SENIOR ADVISOR
Place and Date of Birth OSAKA 22 SEPT 1947
Country of Residence JAPAN Domicile
Passport No. MB 3103736 Place and Date of Issue TOKYO 23/8/2004
Name of Organisation for Which Traveller Works JICA (JAM)
Purpose of Visit JAM MISSION
Places to Visit ALL AREAS ACCESSIBLE TO SRRC
Port of Entry into Sudan RUMBEK, YEI, YAMBIO, MALUALKON
Port of Departure from Sudan RUMBEK, YEI, YAMBIO, MALUALKON
Means of Transport AIR/ROAD
Period of Visit, From 29/9/2004 To 13/12/2004

スーダン解放運動/スーダン解放戦線が発行した入境許可証

への援助は日本だけでなく、多くの先進国も加わっていました。そのような世界の支援で独立したにもかかわらず、同じ南スーダン人の二つの部族が、権力と利益を独占しようと武力闘争を始めたのです。アフリカでは未だに部族間の確執が戦闘を誘発しているという、悲しい教訓でした。

現在もシリア、イスラエル（パレスチナ）、イエメン、ソマリア、ナイジェリア、南スーダン等で武力紛争が続いています。イスラム国（ＩＳ）は戦闘の結果支配地域を縮小しましたが、未だ限られた地域に潜伏しており、テロの脅威が壊滅したとは思われません。著者は南スーダンの独立に多少関わり、その後の開発事業発掘調査にも団長として参加したため、特別な思い入れがあります。世界が南スーダン地域の、不当な北スーダン政府の支配からの独立に理解を示し、独立を勝ち取らせた経緯があるにもかかわらず、独立後、二つの部族が権力争いのため武力闘争を始めたのです。独立前の２００４年、世銀と国連が連携して独立後の開発計画策定調査を行いました。著者は日本からの唯一の参加者として、当調査に携わりました（教訓―１参照）。

2 核の脅威

核の脅威は通常兵器と次元が違います。現在の核保有国とそれぞれの核弾頭数は表1－1の通りです。核の脅威に関しては今更述べるまでもないでしょう。この悲惨な経験を持つ唯一の国として、日本は核兵器廃絶を訴え、世界で核兵器が二度と使用されないよう努力してきた経緯もあります。日本政府はこれまでも核兵器を保有しないことを国際社会に誓うとともに、国連総会において「核兵器の全面的廃絶に向けた共同行動」決議を提出し、核不拡散にも積極的に取り組んできました。核兵器不拡散条約（NPT）の推進に尽力してきたのです。このような状況下で「核兵器禁止条約」が2017年7月に採択されました。日本は当核兵器禁止条約交渉に参加せず、条約に反対することとなりましたが、締約国のみならず日本国内からも批判の声が上がっています。全ての核兵器保有国が参加しない当条約は、それ以外の国が単に核保有しないと政治宣言しているに過ぎないでしょう。NPTで核兵器保有が条約上許されている核兵器国及び許されていないその他の国、表1－1のパキスタン、インド、イスラエル（NPTに不参加）、北朝鮮及びイラン（NPT内で核開発）等々の国こそが核兵器を放棄することが最終目的です。

「核兵器禁止条約」は第1条で、参加国の法的義務を規定し、核兵器その他の核起爆装置の開発、実験、生産、製造、取得、保有、貯蔵、移譲、受領、使用、威嚇を禁じ、配置、設置、配

表-1　核保有国及び核弾頭数

順位	国名	FAS発表	SIPRI発表
1位	ロシア	6600発	7000発
2位	アメリカ	6450発	6800発
3位	フランス	300発	300発
4位	中国	270発	270発
5位	イギリス	215発	215発
6位	パキスタン	140発	140発
7位	インド	130発	130発
8位	イスラエル	80発	80発
9位	北朝鮮	20発	20発
	全世界合計	14205発	14955発

(注) FAS＝アメリカ科学者連盟、SIPRI＝ストックホルム国際平和研究所

備の許可を禁じ、他の締約国に対して、禁止されている活動を行うことにつき援助、奨励、勧誘も禁じています。他の条項では廃棄の手続きを定め、完全な核廃絶の実現に向けて抜け道を塞いでいます。しかし、全ての核保有国が参加しない同条約に「核の傘」に守られている日本が参加した場合、アメリカからの不信を招き、中国からは核の威力による圧力が強まるのは必至です。岸田外相が、核兵器禁止条約の交渉への参加を否定した際、「核兵器国と非核兵器国の対立を一層深めるという意味で、逆効果にもなりかねない」と表明しましたが、高く評価されるべきです。ＮＰＴ等による核廃絶のプロ

セスを重視する上で、日本は核兵器禁止条約に参加するのではなく、その枠外での方法を検討すべきです。

核保有国同士が疑心暗鬼となっている状況下で核兵器を一斉に廃絶しようとの非現実的なアプローチより、核兵器保有国同士の納得のいく現実的道程を探り、徐々に、しかしできるだけ速やかに核廃絶の最終目的に近づいていくのが賢明な方策でしょう。この対策は第三章で取り上げます。

3 国連安保理の呪縛と国際法の形骸化

国連憲章によれば国連の「主要機関」は以下の六つ：総会、安全保障理事会、経済社会理事会、信託統治理事会、国際司法裁判所および事務局です。世界の平和に直接関連しかつ最重要であるのは安全保障理事会（安保理）です。憲章第二十四条は、「迅速かつ有効な行動を確保するために、加盟国は国際平和と安全の維持に主要な責任を安保理に負わせ」、「安保理はその責任を果たすにあたって全加盟国に代わって行動する」となっています（吉田）。この安保理の構成に関する憲章は以下です。

第二十三条［構成］ 1 安全保障理事会は、十五の国際連合加盟国で構成する。中華民国（現在は中華人民共和国）、フランス、ソヴィエト社会主義共和国連邦（現在はロシア連邦共和国）、グレート・ブリテンおよび北部アイルランド連合王国、およびアメリカ合衆国は、安全保障理事会の常任理事国となる。……

つまり、常任理事国は第二次世界大戦の戦勝国五カ国（P5）、非常任理事国10カ国からなり、そのうちP5を含む9カ国の賛成で議決されるようになっています。つまり、P5の1カ国でも反対すれば決議案は葬り去られます。シリア内乱で典型的に顕現したように、政府側と反政府側の背後でP5がうごめいており、P5中の1カ国の思惑に反するような議決は通りません。正に、メビウスの輪のように安保理の決議はP5中の1カ国の反対で平和への道が閉ざされるのです。

第二十七条［表決］ 1 安全保障理事会の各理事国は、一個の投票権を有する 2 手続事項に関する安全保障理事会の決定は、九理事国の賛成投票によって行われる 3 その他の全ての事項に関する安全保障理事会の決定は、**常任理事国の同意投票を含む九理事国の賛成投票によって行われる。**

安保理のこの歪みを矯正しようとの試みは早くから取り組まれていました。我が国は常任理事国入りに執心しており、1997年に改正案を提出しました。この中で新規の常任理事国として：日本、ドイツ、ブラジルおよびインドの4カ国が提案されました（G4案）。一方、当時のラザリ国連総会議長も安保理改革案（1998年）を提案し、討議に付されました。主要な討議項目は以下です。

1　新理事国のカテゴリー（常任理事国は5カ国で先進国から2カ国、3カ国は地域ごとに人口の多い途上国から各1カ国を選ぶ）
2　新規の理事国に拒否権は付与しない
3　旧敵国条項は廃棄する
4　安保理の作業方法
5　安保理と総会の関係といった安保理改革の様々な要素

しかし、イタリアの強烈な反対運動でG4案に対して3分の2の賛成を得られなかったのです。その後、UFC案（コンセンサス・グループ）とか、AU案（G4との違いは拒否権の付与のみ）等が出されましたが、各国の思惑がぶつかり合って、未だ安保理の改革は実現していません。憲章の改正に関する条項は以下です。

第十八章、第百八条［改正］この憲章の改正は、総会の構成国の三分の二の多数決で採択され、且つ、安全保障理事会の**すべての常任理事国を含む**国際連合加盟国の三分の二によって各自の憲法上の手続きに従って批准されたときに、全ての国際連合加盟国に対して効力を生ずる。

第百九条［再審議］1（省略）2　全体会議の三分の二の多数決によって勧告されるこの憲章の変更は、安全保障理事会の**すべての常任理事国を含む**国際連合加盟国の三分の二によって各自の憲法上の手続きに従って批准されたときに効力を生ずる。

ここでもP5は「拒否権」をもっているのが障害となっています。このメビウスの罠のような呪縛から如何に逃げ出すか、第3章で提案します。以下は『基本国際法』［第3版］（杉原高嶺、有斐閣、2018）からの抜粋です。

＊現代国際法は、欧米諸国を中心とした近代国際法（第1次世界大戦前の国際法）とは異なり、世界のすべての国に一様に適用されています（国際法の普遍化）。戦後の植民地独立国を含め、この法の適用を拒む国はありません。各国は国際法に則って行動することの必要性を心得るとともに、それが自国の利益でもあることを十分に認識しているのです。

＊安保理の主要任務は、紛争の平和的解決と集団安全保障の遂行。前者は基本的に紛争当事国に対する「勧告」（法的拘束力を有しない）という形で解決案が提示されるが、後者においては全加盟国を拘束する「決定」（decision）をとる権限が与えられています（強制措置の決定等）。

＊安保理が仕事をしている間は総会は口を出してはならない。

＊国際司法裁判所はもっぱら国際紛争の解決にあたる機関であり、その点で安保理の任務と重なるが、安保理は目前の紛争の現実的収束に主眼を置くのに対し、裁判所はその法的決着を取り仕切る機関です。

＊国際司法裁判所は、国連の選挙（総会と安保理）で選出される15人の裁判官で構成されます。国籍に関係なく、個人の資格で（政府代表としてではなく）選出されますが、ただ同一国籍の者が2名在任することは認められません（規程3条1）。現在では、アジア3名、アフリカ3名、ラテン・アメリカ（中南米）2名、東欧2名、西欧その他（北米・大洋州を含む）5名、と配分されています。

4 貧困

国連機関の一つである国際農業開発基金（IFAD）は「世界の農村貧困1992」の中で

貧困を以下のように五つのタイプに分けました。

隙間貧困（Interstitial poverty）

物質的窮乏と阻害は隙間貧困、あるいは力や富や財産に囲まれた貧困の原因である。富裕層から優先権を渡されていない限り、この現象は農村貧困層に開発の便益を届かせることを困難とする。

周縁部貧困（Peripheral poverty）

物質的窮乏は孤立及び阻害と組み合わさることで周縁部貧困に導かれ、辺境地域に見出される。

過密貧困（Overcrowding poverty）

人口圧と限りある資源から発生してきた物質的窮乏は、阻害と過密貧困を同時に発生させる。

外傷性貧困・散発的貧困（Traumatic or Sporadic poverty）

旱害や洪水等の自然災害、失業あるいは社会不安等への脆弱性は変動はあるものの、多くの場合その地方固有の外傷性貧困あるいは散発的貧困を作り出す。

風土的貧困（Endemic poverty）

孤立、阻害、技術不足、依存状態、無資産等はある風土特有の慢性的貧困予兆である。

図Ⅰ－3から明らかなように、南アジア、東アジア、東南アジア・オセアニア、ラテンアメリカ・カリブ海等では貧困率・飢餓率ともに縮小しています。一方、サブサハラ・アフリカでは飢餓は若干下降気味とは言え、未だ3割以上の人口が飢餓に苦しみ、貧困率は上昇の傾向さえ示しています。アフリカは未だ貧困の泥沼から抜け出せないのです。この大きな原因の一つは、それらの国はヨーロッパから独立したのですが多くのエスニック・グループを抱えたまま一つの国になっていきました。例えば、ケニアは42、ザンビアは72、タンザニアでは１２０以上のエスニック・グループが存在しており、グループ間の確執が未だに続いているのです。宗教間の争いも各地で頻発し、地域紛争が絶えません。本来凹型的文化が主流であったアフリカが、西洋から凸型文化の影響を受け、価値観も個人主義的、非妥協的に変わりつつあるのも問題を複雑化しています。

アフリカにおいては貧困層の4分の3が農村部に居住している事実も周知の通りです。都市貧困問題も重要ですが、都市貧困は元々農村からの出稼ぎあるいは移住であり、農村貧困を解決できれば帰農、帰村に弾みがつき、自ずと都市貧困、都市問題も緩和されます。この場合、逆は真ではありません。都市貧困のみを解決しても農村貧困を放置すれば、都市への（貧困）人口移動を加速し、都市問題の複雑化、農村の疲弊、農業生産の不安定化は促進されます。

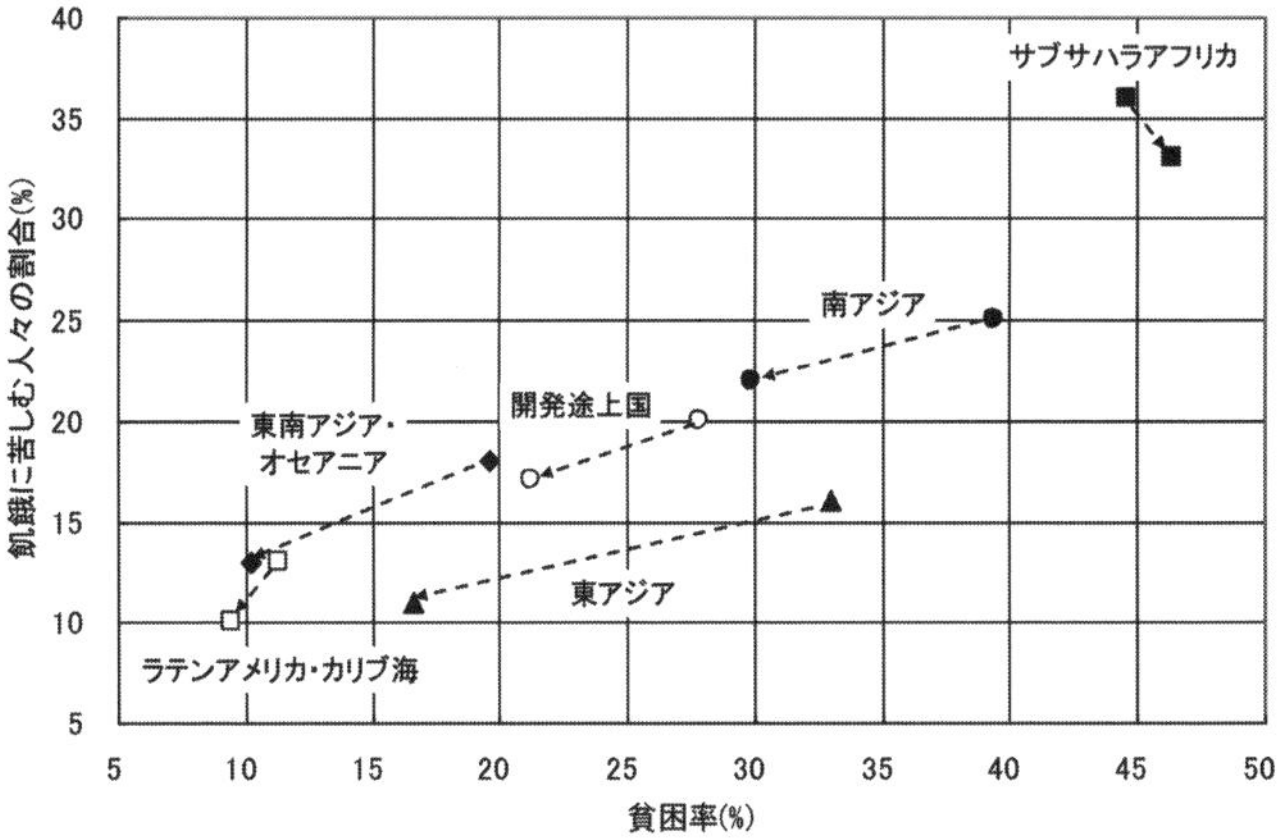

図-3　貧困率および飢餓に苦しむ人々の割合の地域別推移（1990−2001）

（注）貧困率の変化は1990年から2001年にかけての変化。

（出所：古市「東南部アフリカの村落開発」2006）

5 我が国が抱える課題

北朝鮮による日本人拉致問題は日本国家の主権が侵された事件で最悪の未解決課題として残っています。それは1970年代から1980年代に発生した、北朝鮮による国際犯罪事件であり、日本政府が認定した拉致事案は12件、拉致被害者は17人。北朝鮮政府側は、このうち13人（男性6人、女性7人）について、日本人拉致を公式に認めており、5人が日本に帰国していますが、残り12人については「8人死亡、4人は入境せず」と主張しています。日本政府は「全員が生存しているとの前提で対処する」との立場をとっています。

北朝鮮は、長年拉致事件への関与を否定してきましたが、2002（平成14）年、平壌で行われた日朝首脳会談で、金正日が日本人の拉致を認め謝罪し、再発の防止を約束しました。しかし、このことに対する賠償などは、未だに行われていません。

2018（平成30）年現在、日本政府は首相官邸公式ウェブサイトにおいて、「対話と圧力」という姿勢を継続し、「拉致問題の解決なしに国交正常化はありえない」としています。北朝鮮当局は日本人に成り済まして、工作員を韓国に入国させる手口が有効であると考え、韓国のみならず、世界各国の出入国に便利な日本人のパスポート（旅券）を奪取するため、また同時に、工作員を日本人にしたてるための教育係としての利用、あるいは日本国内での工作活動の利便性を向上させる目的で、複数の日本人を拉致しました。

今回の拉致行為は国際法にいう「強制的失踪」にあたります。強制的失踪とは、国家の直接・間接の関与の下に人が強制的に拉致・拘禁され外部のものにその所在が不明になってしまう場合を言います。日本国は国際請求を提起し、北朝鮮の国家責任を追及でき、北朝鮮は責任解除のため、原状回復、金銭賠償、陳謝、真相究明、責任者の処罰、再発防止措置などを行わねばならない、となっています。今回の事件で国際法は無力である実態がさらけ出されたと言えるのではないでしょうか。

次いで深刻な問題は領土主権の侵犯です。北方四島は戦後ソ連が支配し、現在ではロシアが居座ったままです。国際法に照らしてみても同地域が我が国に属するのは明らかですが、国際法は黙して語りません。また、竹島及び尖閣諸島は我が国の奮闘でかろうじて踏み止まっていますが、気を抜くとたちまち韓国と中国に領有されてしまいそうです。これらの問題も解決にはまだ時間がかかりそうです。排他的領海での外国漁船による密漁や、一方的な調査は後を絶ちません。海上保安庁の奮闘がなければ、禁止された漁法による乱獲により資源枯渇は火を見るより明らかです。

沖縄の悲劇は江戸時代から続いています。しかし、何と言っても第二次世界大戦の惨状、戦後のアメリカによる占領期と日本への復帰後の米軍基地がもたらす数々の苦痛、このようにその悲劇は今に続いています。沖縄の現状を考える時、Ｐ５の横暴に憤りを感ぜずには居られません。Ｐ５中、特に中国、ロシアの領土拡張への野心、及びアメリカの覇権主義が世界の平和を乱している事実は何としても打ち壊さねばなりません。第三章でその一シナリオを提示します。

第二章　日本の特質

Ⅰ　なぜ日本が地球環境を救わねばならないのか？

「地球の生態系が破壊され、生物が絶滅したとしても、地球は元の無生物の惑星に戻るだけであり、何故ヒトがその流れを止めなければならないのか？」「宇宙にとって、地球の変化など極めて些少な出来事であり、宇宙総体から見ればゼロに等しいではないか？」「今後数億年、数十億年内に地球は太陽に飲み込まれるか、遠ざかるか、あるいは他の惑星などと衝突したりして、いずれ必ず無生物状態になるのではないか？」「なぜ日本が先頭を切って地球環境に取り組まねばならないのか？」

前章でかいま見た通り、幾多の奇跡の中から出現した多くの生物種、その中でも唯一知能と言語を獲得したヒト科ヒト属ヒト種なのです。ヒトがヒトとして誕生し、考える能力を与えられたのは、自然の摂理の計らいであったのは自明です。他の生物種同様、子孫を残そうとする本能も当然備わっています。そのため、人が子々孫々に豊かな環境を残し、繁栄を続けるためにその知能をフルに活用し努力するのも、自然の摂理に沿った宇宙の真理です。まして、ヒトが地球環境を悪化させている現実の中にあっては、その流れを逆行させねばならないのは当然の義務です。人事を尽くして天命を待つ、と言われます。宇宙の摂理の中で地球が滅びるのはやむを得ないとしても、人が自ら地球の環境を悪化させたり、滅ぼしたりするのは摂理に適っていません。従って、子供たちにより良い環境を残そうとするのは本能であるとともに、自然の摂理（カミサマ、後述）から与えられた義務とも言えるのではないでしょうか。今、地球環境を救おうとするのは自然の摂理に適った合理的な行動と考えられます。

ではなぜ日本が地球を救わねばならないのでしょうか。それは、日本誕生以来、海外から受けてきた恩恵に報いるため。つまり、恩返しです。次に、人類の共存共栄の観点からも正当化されます。そして、日本は人口と食糧生産が均衡していた長い歴史と経験を持っています。つまり、地球の環境収容力（キャリング・キャパシティー）の中で生存していくノウ・ハウを持っています。最後に、日本が持つ資質と能力は世界の争いを減じ、地球環境を救うための切り札となります。以下、少し詳しく説明しましょう。

①日本誕生以来海外から受けてきた恩恵に報いる時

石器時代、日本の原型が出来上がり始めた頃、ポリネシアやインドネシア方面から言語の祖型がもたらされました。1万年という長い縄文時代の間に言語の祖型は徐々に言葉として機能を高め始め、弥生時代に入り五母音で終わるタミル語が入ってきて文化複合が始まり、日本語の原型が完成したのです（大野）。その後、古墳時代には朝鮮の文明が入り、中国からは漢字がもたらされて日本語が文字として表記され始めました。大陸文化とともに仏教やその後儒教、道教等の影響も受け、それらを換骨奪胎して日本の文化に吸収し日本文明は独自の発展をみてきました。明治時代に入り西洋諸国から産業革命の技術・知識や近代文明を急速に取り入れ、第二次世界大戦後はアメリカから文明を一気に持ち込み、日本の近代文明、経済、生活水準は飛躍的な発展を遂げたのです。日本は海外の文明・文化・言語・技術を自分達の都合の良いように取り入れ、それらを上手に吸収していく能力があったとはいえ、歴史的にほぼ一方的に海外から恩恵を受け続けてきたと言えます。目を転じて現在の海外を見ると、そこには多くの日本製品が氾濫しています。著者が居たアフリカの道路には日本車が溢れ、家庭には多くの日本製品が鎮座しています。日本は貿易立国として外貨を稼ぎ、輸入に多くの食糧や生活物資を頼っているのです。仮にいま日本が海外との取引を中断したとすれば、８０００万人程度の人口しか養えません（著者の試算）。食糧自給率の低さは目を覆うばかりです。残り４５００万人は海外の食糧生産に頼って生きているのです。

今こそそれらの恩恵に報いる時です。鈴木孝夫は日本語を優れた言語として海外に普及させることで世界に貢献できると訴えています。既に日本語のいくつかは英語やその他の言語に取り入れられたり、日本文化や和食も輸出されるようになりました。クール・ジャパンと称したアニメや漫画文化も海外で人気が高くなっています。これらの動きを政府も後押ししており、心強い限りです。しかし、今は地球の持続性を高めるのが焦眉の急です。この方面にこそ日本は一肌脱ぐ覚悟が迫られていると言えるでしょう。

2 人類の共存共栄の観点から

日本が単独に世の中で生き残り繁栄できると考える人はいないでしょう。幸運にも地勢的に日本は極東の島国であったため、他民族に征服されたり、アメリカ・インディアンのごとく民族が悉く殺戮されたりした経験を有していません。また、現代でも他国の干渉も最小限だし、武力紛争の影響も届いていません。海外に暮らした経験を持たずニュースだけに接していれば、世界は安泰で平和は続くと考えるのが自然でしょう。しかし、それらは目に見えないだけで、現実には他国の政治経済は日本に直接的・間接的に影響しており、その観点から言えば全ての国とは一蓮托生、運命共同体と位置付けられるほどです。日本が子々孫々とも平和で豊かな山紫水明の恩恵に与ろうとすれば、他地域、他国の平和と繁栄抜きには実現されない、と言っても過言ではないでしょう。

３ 希有な経験（環境収容力と人口の均衡）

前章で世界人口増が止まるところを知らず、地球の環境収容力（キャリング・キャパシティー）を脅かし始めている事実に触れました。近世に入り西洋諸国がフロンティアを求めて海外に乗り出し、彼らにとっては新世界を蹂躙し、殺戮し、奴隷として自分達の産業を支え、西洋社会を繁栄に導いた史実は際立っています。同時期の我が国は、他国からの干渉も他国への干渉もない平安な江戸時代であり、社会と環境収容力とがバランスして成り立っていた長い時代です。その江戸時代の始まりには、それまで受け入れていたポルトガルの宗教者を国外追放し、日本人も海外への渡航を禁止しました。それ以後、明治時代になるまで鎖国が続いたとされています。厳密に定義すればそれは鎖国ではなく、長崎の出島を通じてオランダとシナとの交流は続いていました。鎖国という表現は、エンゲルベルト・ケンペルの著書を志筑忠雄が訳し、享和２（１８０２）年翻訳後に写本とした時に使用されたのが始まりで、時の幕府は公に鎖国の語は幕末まで使用していませんでした。しかし、当時オランダ・シナを通じて貿易されたのは食糧以外の物品で食糧は全く輸入していませんでした。つまり、日本は食糧を完全自給していたこととなり、それは約２５０年以上続いたことを物語っています。その間の人口は、江戸時代が始まった頃の１６００年頃は１２２７万人でしたが、１７２１年頃までには開田や灌漑施設造営が進んだため２・５倍の３１２８万人になり、その後は一転して停滞し、幕末の

1834年までは3・8％の増加に止まり、3248万人となっています。明治時代となった1868年には3330万人との推計もあります。江戸時代の人口に関しては多くの推測があり、統一的な数値は出されていませんが、どの推測も概ね前記の推移を辿った事実では一致しています。つまり、150年前後人口はほぼ横ばいで、当時の食糧輸入が皆無であった事実を勘案すれば、人口と食糧生産が均衡していた事実を物語っています（出典：「『国土の長期展望』中間とりまとめ概要」平成23年2月21日、国土審議会政策部会長期展望委員会）。

人口増が抑えられていた時代の背景には、多くの悲惨な状況も存在していました。柳田國男は『山の人生』で無残な事件を報告しています。何れの事件も背景には貧困があり、食べ物にありつけなかった家族の悲壮な結末が記されています。そのような極端な事件とともに、多くの藩は飢饉の勃発や貧困と闘ってきた経験を有しています。武士も決して裕福ではなかったのです。米沢藩では上杉鷹山が藩の財政危機、産業の立て直しに藩士のみならず、農民や町民も巻き込んで改革に乗り出し、遂に財政難を乗り越えた歴史がその経営手法とともに今も語り継がれています。

4 日本人の資質

凸型（後述）の国々、民族・宗教は、攻撃的、他罰的、非妥協的で他者を支配しようとする文化です。一方、凹型の日本は、受容・容認・控えめ、妥協的、協調的で他者を慈しむ文化です（芳賀）。凹型文化の国は各地に存在していますが、先進国で人口も多く、影響力のある国は日本だけです。凸型の国が主導する世界が続けば、紛争は永遠に解決できず、平和が訪れなければ地球の持続性も必然的に低下します。

また、日本の伝統文化、社会規範等を他国のそれと比べても遜色ない誇らしい水準です。日本に生まれ、海外には旅行程度に訪れるのみでは、真の海外の本質を見誤ります。国際会議等で議論する中で、日本との差異が明らかになります。自分から妥協することは全くせず、自己を押し通してきます。日本人はこれまではそのような国際会議では凹型、つまり控えめに振る舞ってきましたが、地球の持続性を高めるために、ここで奮起せざるをえません。それら日本の特質を次節に俯瞰します。

Ⅱ　日本文明

1 世界でも屈指の古い歴史

現代人（ホモ・サピエンス）はおよそ20万年前にアフリカに現れ、5万年前頃から世界各地に拡散していきましたが、日本には4万～3万年前に到達しています。その後、旧石器時代、新石器時代を経て縄文時代となります。その草創期の遺跡が青森県外ヶ浜町にある大平山元Ⅰ《おおだいやまもといち》遺跡《いせき》です。その遺跡から発掘された縄文土器には付着した炭化物があり、放射性炭素年代測定法の算定で1万6500年前とされました。土器の内側には炭化物が付着しており、食料の煮炊きに使ったものであることが分かります。これは世界でもっとも古い煮炊きの跡と言われます。また、石鏃も世界でもっとも古いもので、これは世界で最も古い弓矢の使用を示しています。縄文人は、世界に先駆けて定住革命と土器革命を成し遂げた、と中西も指摘しています(『国民の文明史』)。

食物の煮炊きができるようになったことは、料理の幅が画期的に増えたことを意味しており、食べられる食材も格段に増加したものと推測されます。その食材幅の増加と煮炊きの料理は扶養する家族を増加させ、人が群れ(ムラの語源)始め集落が発生しました。縄文時代の初期、中期になると集落数も増え、建築技術も高まった事実が、例えば三内丸山遺跡からも窺えます。その頃の遺跡から、祭祀や葬送儀礼なども始まったことが明らかです。獣肉や琥珀等の特産的な各地の天然資源が広域に流通していた可能性も指摘されています。それらの文化は上山春平らにより照葉樹林文化と呼称され、日本文化・歴史の始まりとして、現代日本人の深層心理にも影響していると提唱されました。この歴史の中で原始神道の萌芽が現れたとし、7世紀に始まる天皇制より更に古くから日本人の宗教観や価値観、生活意識が確立していたことが明らかです。

縄文時代後期に稲作農耕文化がもたらされて弥生時代となります。稲作文化がどこから伝えられたか諸説があり、未だ特定されていませんが、ジャワやフィリピン等の南方から来た説も考えられています。しかし、中国や朝鮮半島を通ってきたルートが主要であったろうとの説が有力です。大野晋は稲作に関する言葉の多くがインドのタミル語と共通である点に着目し、そこからの伝来も示唆しています。

日本国家の起源については『古事記』『日本書紀』が最古の文献として伝えられており、神武天皇が日向から東征して、現代の奈良県の大和で国を始めたことになっています。中国の『魏志東夷伝倭人条』には3世紀の日本の記述が見られますが、その頃日本では多くの小国家が割拠しており、大和政権（同書では邪馬台国）が有力で、7世紀にはほぼ大和政権が統一国家をなしていました。天皇制はその後、日本の象徴となり、紆余曲折を経ながらも権威を保ち続けてきました。第１２５代の今上天皇まで連綿と万世一系を誇ってきたのです。

照葉樹林文化時代の原始神道から始まり、その後天皇制に続く古い歴史と比肩しうるような国は他に見当たりません。古いから優れていると一概には言えないものの、その歴史の積み重ねが日本人の深層心理の底辺に岩盤のごとく造型され、現在の優れた食文化、伝統文化、技術、社会等を生み出し、花開いたのは疑いないでしょう。山折哲雄の分析によれば、日本人の深層的意識は三層構造となっており、最底辺に山岳・森林的自然観、その上に稲作的価値観があり、最上部に近代合理主義がある、と言いました。そのように深層心理に造型された「心」とも言いうるものは、土器を開発し煮炊きを始めた日本独自の古い歴史の上に、換骨奪胎した海外の文化、文明を柔軟に取り入れ、それらの新知識・情報が何層にもわたって堆積して出来上がった地層のような精神とも言えるでしょう。「和をもって尊しとなす」の心性は、ただ人々の和に止まらず、外からの情報や知識にも開かれ、受け入れるという性格も顕していたのです。出来上がった深層心理の岩盤のような「心」は、それ自体で宗教であり、道徳であり、生活信条・価値観なのです。深層心理に潜むその「心」は多くの日本人にとって無意識下にあります。中西は『国民の文明史』において、「歴史において最も見えやすいのは、政治と経済、社会の動きである。そしてそれを下から支え（同時に上から規定され）ているのが、文化、芸術、宗教、思想、哲学である。……それらの更にその底に位置しているものとして、おそらく『精神』とか『文明の魂』と言うような第三の次元があり……」と述べています。日本人の深層心理に根付く「精神」とか「文明の魂」は普段の意識に上らないため、日本人は宗教を問われ、無宗教とか無神論とかと思ってしまい、そのように答えますが、実は他の国々の宗教者に比しても、実に篤い宗教心を「心」が持っていることに気が付いていないだけなのです。この点は「Ⅲ　宗教」で再検討します。

ところで、ハンチントンは世界には大きく分類して八つの文明があると言いました。1　中華文明、2　日本文明、3　ヒンドゥー文明、4　イスラム文明、5　西欧文明、6　ロシア正教会文明、7　ラテンアメリカ文明、8　アフリカ文明です（『文明の衝突』サミュエル・

ハンチントン、集英社、1998)。彼は、文明は最も範囲の広い文化的なまとまりであるとして、「村落や地域、民族集団、国籍、宗教集団などはすべて、さまざまなレベルの文化的異質性を含みながら、固有の文化を持っている。……文明の輪郭を定めているのは、言語、歴史、宗教、生活習慣、社会制度のような共通した客観的な要素と、主観的な自己認識の両方である」としたのです。ここで注目されるのは、日本文明のみが一国、日本で成り立っている点です。この事実と日本の古い歴史は密接に関連していると言いきれるでしょう。日本が島国であり、なおかつ大陸と適度な距離であった地勢的な事実がその背景にあったからと思われます。遠すぎた場合は早くからの文化的折衝は実現されなかったでしょうし、近すぎた場合は、元寇の乱のような海外からの圧力が大きく、海外の国(特に中国)に武力で支配されていたか、文化的に完全に飲み込まれていたことでしょう。何れのケースを考えても、日本人が今中国語を話していた可能性が大です。日本語・日本文化を保ち続けられたとは、何という日本の幸運!

2 環境保全

古来、日本人は自然環境と共生し、その恩恵に与って生きてきました。一方で過酷な自然災害も多く、それらを従容として受け入れながら従順な心性を育んでもきました。山紫水明の恵みと破壊的な自然の猛威は、日本人に独得な自然観、価値観、宗教観を創り上げてきたのです

（和辻）。

一方、生活の繁栄を続ける中で自然との共生関係が崩れてくることに早くから気がつき、自然を守る重要性に国として取り組み始めました。戦国時代に終止符を打ち、平安な江戸時代となって人々の農地造成と灌漑設備の拡充が一斉に各地で開始されましたが、その結果、森林伐採が進み、山の荒廃が河川を荒らし、流れ着く海の生態系まで崩し始めたのです。河川の氾濫は農地だけでなく住宅地も襲い、また海の幸を減らし出しました。大河川では、上流からの土砂流出により河床が慢性的に上昇する課題があったのです。時の江戸幕府はこの因果に危機感を持ち、1666年に諸国山川掟《しょこくさんせんおきて》を発布しています。この法令は、土砂流出と洪水を防ぐために草木を根こそぎ掘り取ることを禁じ、川上で木のない山には苗木を植えること、河原を開墾し、竹林などで築出しを造らないこと、山中で新規に焼畑をおこなわないこと、検査官を派遣することを命じています。

また、淀川水系では、氾濫を伴う水害が多発したり、河床の上昇により舟運が阻害されるなどの影響があり、すでに諸国山川掟が出される6年前には、山城、大和、伊賀の3カ国限定で樹木の根株の採掘を禁ずる令が出されています。岡山藩では熊沢蕃山が治水を行うにあたり、諸国山川掟に似た法令を作成しており、上・下流が連携した対策を講じる必要性は広く認識されていました。その掟に違反した者には「枝一本腕一本、樹一本首一つ」「一枝につき一肢、枝一本折ると腕一本、木を切ると打ち首」等と言われるほど厳しい罰則を与えたのです。

生活圏の環境にも積極的に施策を講じています。天正18（1590）年、徳川家康が小さな漁村が点在する葦原に幕府本拠地を移して以来、江戸は急速に巨大都市へと発展していきます。文化文政期（1804～1830年）までには江戸の人口は当時世界一の120万人というピークを迎えますが、人口増とともに必要となる上下水道も完備されました。江戸のトイレ事情に関しては、町内ごとに自身番という現代の交番のような施設があり、そこには町役人が交代で詰めていたので、常設の便所が備えてありました。また、武家屋敷地では辻番所という自衛の番所があり、通りがかりの者でも借りられました。また、表通りから一歩裏に入れば長屋の共同便所があり、そこは外からでも自由に入ることができたそうです。田舎の景勝地などにはむしろで囲っただけの簡易便所が設置されていました。江戸時代、屎尿は人肥といって農業にとっては大切な肥料だったのです。農家は少しでも多くの人肥が欲しかったため、江戸の町の家々で大根等の野菜と交換していたと言います。農家が都市部の屎尿を物々交換あるいは購入し、これが主要な都市部の屎尿処理手段だったのです。従って、当時世界で最も清潔な都市は江戸でした。これが作物生産に回され、自然循環が社会制度の中で完遂されていた事実は驚くほかありません。現在でも例えば山形県長井市では、屎尿ではありませんが廃棄された生ごみをレインボープランとして堆肥を作って近隣農家が再利用し、広域で循環システムを維持する事業が連綿と継続されています。

江戸時代は下水道も整備・管理されていました。現在とほぼ同じような下水網があったそうです。町内ごとに費用を出して人を雇い、下水道を維持していました。上下水道の使用は無料で、地主が払っていたそうです。日本には「環境と共生する文化」の歴史的な素地がありますが、現代でもその気風は引き継がれており、98・6％の国民が「自然との共生を望む」と答えており、世界の主要30カ国中一位を誇っています（インタービジョン21）。

以下は環境庁・文明と社会に関する懇談会「文明と環境に関する提言」（平成12年3月）からの抜粋です。

縄文時代から現在に至るまで極めて持続性の高い文化と文明を発展させてきたわが国の歴史と伝統の中に見出される、自然や環境を単に利用すべき対象としてではなく共感すべきもの、共に生きるべきものとしてとらえる感性や考え方、あるいは、「もったいない」という欧米言語の語彙にはない感覚に支えられた循環的経済システム構築の伝統、欧米が資本の集約的利用による労働の節約を通じて商品の量産を可能にする形で近代化を達成したのと異なり、労働の集約による土地生産性の向上を通じて商品の量産を可能にする形で近代化を達成した歴史などは、いずれも今日の文明の相の転換の方向と親和性があるものと考えられる。

このように江戸では限られた資源を有効に使いまわす「循環型社会」が実現していました。

経済と人口の成長が臨界点を迎えつつある今も、レンタル、リース、リサイクル、リユースという発想をもった当時の社会システムと人々の暮らしが連綿と受け継がれています（鬼頭）。

3 日本人の心性

☑ 凹型文化

日本は凹型文化に属する点は前節で触れました。凹型文化を持ち、歴史的に技術開発に開かれた精神と進取の気性を持つ先進国は日本のみです。ここで凹型文化と凸型文化の特徴を比較してみましょう。

凹型文化：他者を慈しむ文化、受容・容認・控えめ、妥協的、協調的
凸型文化：他者を支配しようとする文化、攻撃的、他罰的、非妥協的

この文化の仕分けは、西洋・東洋という分類では説明できなかった周辺国との意識の差異を見事にあぶり出し、明瞭に日本を特徴づけています。１９４５年、西欧社会に対する日本の抵抗も空しく敗戦を甘受し、世界はその後凸型社会に突入しましたが、我が国は凹型文化を保持したまま新しい技術と情報に対する柔軟な態度と技術継承・伝達への熱意を堅持しました。凸

型文化の西欧諸国は確かに高度の科学力を持ち、今後の世界環境を好転させる技術開発の能力を有しているのは言うまでもありませんが、権利や自分で信じる正義のためには決して妥協せず、このような国同士では争いは永遠になくなりません。

終戦後、占領軍が実施したウォー・ギルト・インフォメーション・プログラム（WGIP）により、日本人に自虐観を植え付け、価値観を変えようとの試みは大きな成果を上げ、なおかつ未だその影響は肥大を続けていますが、日本人の凹型文化は保たれ、日本人の気概は生き残ったのです。現在も民主主義、個人主義、自由主義の荒波がこれでもかこれでもか、と日本人を凸型に変えようと押し寄せてきていますが、日本人の深層心理の底辺に岩盤のごとく築かれた凹型の心性は容易には変形しないのです。

また、鈴木は『日本語教のすすめ』の中で、「相手との関係はむき出しの直接的なものより、やんわりとした間接性のある方が良いというこの感覚は、古い日本の作法で人と話をするとき相手の顔を真正面から見据えることは無作法であり、また相手の眼を直視し続けることは避けるべきだとしていることにも窺えます。つまり日本人の平常の人間関係の在り方を少なくとも言葉と仕草の点からみれば、対立対決の欧米型とは程遠い柔らかなものと言えるでしょう」……と似たような表現を使って言っています。今後、凸型文化の国ばかりとなれば地球環境には悲観的ですが、日本の凹型文化、上山春平はネガの文明、和辻哲郎は湿潤文化と呼んだ「柔らかな」日本文化が救いとなっていくでしょう。

☑貧困観

明治6年、後の東京帝国大学言語学教授である英国人チェンバレンは、「日本には貧乏人はいるが貧困はない」と言う言葉を残しています（渡辺1）。渡辺京二は江戸時代の庶民生活を例にとり「貧の中に豊かさがある」と断言しています。日本人の貧困感はあっけらかんとして悲壮感が伴っていないように窺えます。また、日本人の幸福感に関して、安政5年に、日英修好通商条約を結ぶためにエルギン卿とともに来日した艦長オズボーンと秘書オリファントの感想記があり、興味をそそられます。そのなかで、オズボーンは「男も女も子供も、みんな幸せそうで満足しているように見える」と書き、オリファントは「個人が共同体のために犠牲になる日本で、各人がまったく幸福で満足しているように見えることは、まったく驚くべき事実である」と書いています（渡辺1）。

☑勤勉

明治時代に入った直後、米欧を視察した岩倉ミッションに同行した久米邦武はその編著『米欧回覧実記』総括において、『『勤勉の苦』こそが『文明』を生み、『生理に勤勉する力』こそが国の貧富を規定する。つまり、一国の繁栄は、国土の大小にあらず、肥沃度の差にあらず、資源の多寡によらず、人口の多少によらず、人々の能力にもよらず、それは人々が生産的か否かによってのみ決定される」と喝破しました。また、彼は権利の主張に対し、「西洋は良しとし、東洋は廉恥の感覚を持つ」とも言っています。突然、圧倒的な近代西洋文明の前に曝された瞬間にも、日本人の勤勉の価値を冷静に自ら高く評価している点に瞠目させられます。途上国に生活し、開発事業に携わる中で現地の人達の働きぶりに接していると、この日本人の性格が極めて明瞭に意識させられました。

☑適応力

以下は『国民の文明史』（中西輝政、扶桑社、2003）からの抜粋です。

母系的、集団主義的、土着的、情緒的と言った「縄文文明的なるもの」が再び定着し始めると、その時期の日本は、確かに「長期無変動」になりやすい。……国家または文明の危機がいよいよ本格化し、そのユニークな役割がどうしても必要となった時に、急に浮上する。それが、日本文明に特有の「瞬発適応」であり、私はこれを「弥生的なるもの」と呼んでいる。「爛熟と停滞」から「瞬発的な適応」へ……この「瞬発適応」の促す根源のエネルギーは、縄文とか弥生といった各時代に現れる個別の文化または文明の中に備わっていたと言うよりも、日本文明全体の「超システム」、A・クローバーの言葉で言えば「超様式（スーパースタイル）」として「日本文明の核心にあるメカニズム」である。その絶妙の切り替わりこそが、実は日本文明の本当の核心なのである。西欧文明や中華文明には、日本文明にある縄文的なるものという「自足の衝動」がないので、限りなく膨張しようとする。食べきれないほどの食糧を得ようとし、治めきれないほどの領土を獲得しようとする。自己均衡の本能が壊れた姿であり、自然観、あるいは「人間と自然の関係」へのバランス感覚を欠いた人間文明としての「本質的な欠損」といってよい（中西1）。

著者の家から歩いて5分の距離に高杉晋作の旧宅があります。同じ町には吉田松陰の誕生地があります。「爛熟と停滞」の江戸末期から、西欧諸国との落差を埋めようと一気に「瞬発適応」しようとして鋼のばねになった二人のみならず、明治の志士たちの活躍は、中西の指摘の好例です。

☑誠実な姿勢――責任感

「武士道」では、真実はすなわち誠実なり、として「誠」に至高の尊敬を払っています。武士に限らず、「誠」つまり「嘘をつかない」ことは庶民の道徳の基本と考えられてきました。人との共存の中では欺かないことで最善の結果が得られる点を、古来より信じてきたのです。その誠実さは「責任感」に繋がります。単に社会の中での責任感に止まらず、職業の中でも責任感は求められます。日本人の接客態度は責任感に裏付けられており、顧客を満足させる点では世界で有数です。ケニアのスーパーは日本に劣らず近代的でレジもバーコード読み取り機で迅速に処理されますが、店員は他の店員と談笑しながら余裕をもって顧客対応をしています。話に夢中になって、読み取り機の前で商品をかざしたまま数秒そのままにしておく店員も多く、顧客を待たせることに何の痛痒も感じていません。長年そのような海外のスーパーの店員の振る舞いに慣れた後、日本のスーパーで店員が必死の形相で数分の一秒も争うようにバーコード読み取り機に商品をかざす場面に遭遇すると、一旦は驚き、じっと見ているると胸が熱くなってきます。「一所懸命」に仕事に打ち込む人は、それだけで人を感動させるのだ、と日本では気付かされます。

教訓I-2　スーダン〈責任感〉

1978年、JICA国際協力専門家として初めてスーダンに赴任しました。首都カルツームから砂漠を200㎞南下した白ナイル州都が赴任地でした。着任3週間後、家内を迎えるため、再びカルツームに赴き、飛行機の到着時間、早朝3時に空港で待ちました。ところが4時になっても何の案内もないので、空港担当者に聞いたところ、「知らない」と一言のみの返事に驚きました。近代的空港ではありませんが、少なくとも到着便の情報は掴んでいるべきと思ったのです。「どこに行けばわかるか」と聞いたら、彼は英国航空事務所を教えてくれました。事務所ではその便が遅れていることを教えてくれ、更に一時間待ちました。ところが5時を過ぎても到着しないため、聞いたところ「分からない」と言う答えが返ってきました。著者はその無責任さに腹を立てました。「貴社の飛行機情報は調べるべきじゃないか」と問いつめたところ「そんな義務は俺にはない」と攻撃的な態度です。飛行機は成田から、ナイロビを経由してカルツームに来る便です。とうとう何も聞けず更に一時間近く待ったあと、飛行機はナイロビまで到着しているとの連絡が入ったので「乗客はいつこちらに来るのか」と聞いたところ、「知らない。私の責任ではない」つまり、飛行機が問題を起こしたのであって、責任は航空会社にはない、との論理で一貫していました。そこでの交渉は徒労に終わり、一旦ホテルに帰り、ナイロビ英国航空に電話しようとしましたが、偶然英国人の英国航空職員を見つけ、問い質したところ、次のスーダン航空便が12時半に到着するので、多分その便に乗ってくるだろうとの説明でした。著者は再度空港に行って待っていたところ、30分遅れでその便は到着し、家内はその便に乗っていたのです。

　ところが、手荷物が届いていません。英国航空では、スーダン航空が手荷物も責任を持つべきだと主張し、スーダン航空では英国航空から手荷物に関して委託は受けていない、と言明しました。最終的に英国航空事務所長と話しましたが、同じ答えしか返ってこなかったため、彼をスーダン航空事務所長と直接話をさせることとしました。二人はしばらくアラビア語で言葉の応酬をしていましたが、激高した二人はとうとう物別れとなり、結局どちらも責任を取らないという結末になったのです。徹底的な他罰主義と責任のなすり合いで、著者は心底カルチャーショックを受けたのでした。

二日後にスーダン航空の便がナイロビからあると聞いて、空港に出向き、カスタムを通り抜け、荷物のターンテーブルまで行ってみたところ、二つの荷物のうち一つをそこに見つけました。後一つのスーツケースを探し、家内と共にターンテーブルの出口から飛行場内部に入り、投げ捨ててある荷物の山を探しましたが、それでも見つからず、倉庫裏手にある荷物の掃きだめを見つけて探したところ、そこで奇跡的に見つけたのです。別便で届いていたのでしょう。途上国では人々の責任感は全く希薄だという教訓でした。

☑ 視野

リチャード・ニスベットは著書『木を見る西洋人　森を見る東洋人』において題名通りの性質を多くの実験の結果として発表しています。東洋人は中国人、韓国人も含みますが、日本においても、「損して得取れ」と言われるように、日本人は先の先を読んで行動規範とします。森を育む「山を見る」とでも言えるでしょう。この視野の広さと先を読んでの行動は、長い歴史と経験から打ち出された見識ではないかと思われます。「妥協する」というその場では自分を抑える反応は、「妥協する」効果は必ず後で顕現してくるとの自信が、そうさせるのではないでしょうか。前項「2環境保全」でも、現在の行動が将来どのような結果をもたらすか、つまり因果関係を冷静に見つめた結果なのでしょう。

☑節約志向

ケニア国のノーベル平和賞受賞者、ワンガリ・マータイ氏は「限りある資源を有効に使い、みんなで公平に分担すべきだ。そうすれば、資源をめぐる争いである戦争は起きない」と主張し、日本語の「もったいない」を例示してこの運動を提唱しました。日本人は日常生活の多くの場面で、「もったいない」といいながら、物のありがたさに感謝して大切に使い、資源の消費を抑え、不要なものも使いまわし、資源を再利用し、そして壊れても直して使ってきました。そしてそれが美徳であると称えてきたのです。自然の摂理に適うものは美しいものです。この感覚は、大自然を正しく畏れ、利用し、そして調和を図ってきた日本人の伝統的価値観から派生した、日本人の心の在り方であると言えるでしょう（竹田）。物を大事にするというのは、物に魂が宿ると考える宗教的な考えから来ているのかも知れません。

4 日本語

☑文明との関わり

中西は『国民の文明史』の中で、日本文明の柱、それは日本語であり、なかでも「心」という言葉だ、と言明しています。「1 世界でも屈指の古い歴史」の項でも指摘したように、話し言葉としての日本語は早くから定着していました。大野晋は『日本語の源流を求めて』で次のように述べています。

ヤマトコトバは、縄文時代の単語をそのまま受け継いでいる部分もあるはずである。その成立のきっかけの時期は、……BC10世紀頃である。

金田一春彦は『日本語――新版（上）』で次のように述べています。

上代、日本人は今の韓国の西部に建国した百済の国から漢字を学び、はじめて書籍に接した。文字と言うものを初めて見る日本人の驚きは大きかった。……最初の頃は、文字で書くものはすべて中国語だった。例えば、聖徳太子の推古十二（６０４）年、「十七条の憲法」の第一条「和をもって貴しとなす……」は、「以和為貴……」と書いてある。『日本書紀』も「漢文」である。しかし、日本語の中国語から受けた影響は、それほど大きいものではなく、英語から受けた影響はさらに小さいと言ってよい。日本語の他の言語から受けた影響は、まことに表面的である。

西暦一世紀頃には日本列島に伝えられ、日本人は漢字と接触していたと推測されています。その後、四世紀末ないし五世紀の初め頃には阿直岐《あちき》や王仁《わに》のような百済からの学者によって、既に朝鮮半島に伝わっていた漢籍が日本にももたらされ、一部の上層階級の人によって本格的な漢字・漢文の学習が行われ始めたと推測されています。漢文の体裁を有する国内製作の文字資料として現存最古の「稲荷山古墳鉄剣銘」（埼玉県行田市）は五世紀後半に制作されています（沖森）。このように中国から朝鮮を伝って文字（漢字）が入ってきても、中国語そのものではなく、その文字だけを拝借したということです。その文字から平仮名と片仮名が作られ、漢字仮名交じりの日本語を長い時間を掛けて書き言葉として完成させたのです。大変幸運に恵まれていた事実ですが、この出来上がった日本語が文明を磨き上げていったのです。竹田は『日本はなぜ世界でいちばん人気があるのか』(竹田恒泰、ＰＨＰ研究所、２０１１）の中で次のように指摘しています。

日本の和の文化は、大自然と人類の和を基本とし、その上に、国と国との和や人と人との和が醸し出されたものである。「もったいない」や「いただきます」という発想は、縄文人やその先祖の旧石器時代人の発想にほかならない。日本語は原始日本人の価値観を詰め込んだタイムカプセルのようなものなのではないか。……古い言語が残るからこそ、古い時代の価値観が現代に継承されているのであり、言語なくして価値観の継承はあり得ない。原始民族で国土、国家、言語を持ち、一億人以上の人口を擁しているのは世界で日本だけであり、日本は現存する唯一の古代国家なのである。有史以前の古い言語が現在に存続していることは、筆舌に尽くし難い価値がある。……これまでの人類の歴史は『自然を征服する歴史』だったが、これからは日本人が受け継いできた「自然と調和する歴史」を歩み始めなければならない。そのためには、日本語が持つ和の心を人類が共有するのがいちばんの近道ではなかろうか。日本語は世界を救うと私は本気で信じている。

☑表現の豊かさ

柳田國男は『国語と教育』（教育と国語国策「教育」1943年4・5・6月初出）の中で次のように述べています。

近古以前の文芸を一貫して、我邦は恐らく他の諸民族と比べものにならぬほど、適切な多くの副詞を貯えて居る邦だったということがよく現れて居る。文章やかたりごとは寧ろ確定を期するが故に、そういう修飾を多く要しなかった筈であるが、それでも文体の口語に近いものほど、自然に実地の使用状態を伝えて居る。殊に毎日の会話の上に於いては、此無しには殆ど活きて行けなかったと思うほど、沢山の副詞または副詞句の利用をして居たことが、今でも老いたる田舎人の物言いなどから窺い知られるのである。

例えば、「歩く」につく副詞を考えてみました。思いつくままに列挙すれば：ゆっくり、早く、ゆったり、のんびり、さっそうと、かくしゃくと等々に加え、擬態語では、のろのろ、そろそろ、そろりそろり、よちよち、ふらふら、ぷらぷら、ぶらぶら、のっしのっし、どしんどしん、さっさ、うろうろ、ちょろちょろ、とろとろ、とぼとぼ、いきいき、よろよろ、おろおろ、しずしず、するする、てくてく、ちょこちょこ、おずおず、ぴょこぴょこ、ひょこひょこ、ぎくしゃく、すたすた、のらりくらり、ばたばた、えっちらおっちら、どかどか……。きりがありません。この事実は単に表現の幅が大きいと言うにとどまらず、文化の奥深さと成熟を意味していると考えられます。

また、学術用語も完備しています。日本では小学校から大学まで、授業を日本語という自国語でやっています。明治開国後、急速に西洋から近代文明を吸収しようとしましたが、新しい学術用語や言葉には和製の漢字を創り上げ、表現できるようになりました。更に、男女による言葉の違い、あるいは丁寧語等々、日本語の多様性は枚挙に暇がありません。金田一は次のような興味ある話を紹介しています。

グロータース神父は時々人の意表をつくことを言う人であるが、ある時、「日本人は実に語学の天才だ。」「日本人が電話をかけているのを聞いていると、故郷の兄弟に対して話している場合、親しい友達に話している場合、上役に対して話している場合、――この言葉の違いは、ヨーロッパに行ったら三つぐらいの外国語を使い分けているようだ。」

日本人にとって当たり前の言葉の使い分けですが、決して差別感覚で言い分けているのではありません。その証拠に、……さん、との呼びかけは、女性に対しても、博士に対しても（海外、特に途上国では必ずドクター……と呼ばねばなりません）、いろいろな身分の人に共通して使えます。あるいは、ボーイさん、親父さん、店員さん、郵便屋さん……。

5 社会秩序と治安

日本は世界でも有数の治安のよい国で、犯罪率の低さでは定評があります。その中の殺人発生率（2016年）に注目してみると、日本は203カ国中最下位から10番目に位置されています（表I－2参照）。この表は主に国連の犯罪調査統計による下位10位までの順位です。日本

表-2　殺人発生率（2016年）

殺人発生率順位		国名	殺人件数/10万人	人口
上から	下から			
196	1	アンドラ	0	7.7万人
196	1	マン島	0	8万人
196	1	リヒテンシュタイン	0	3.8万人
196	1	モナコ	0	3.85万人
196	1	ナウル	0	1.3万人
196	1	ニウエ	0	1,624人
196	1	サンマリノ	0	3.3万人
196	1	バチカン	0	1,000人
195	9	マカオ	0.16	61万人
194	10	日本	0.28	約1.25億人

（注）主に国連の犯罪調査統計による

より発生率が低い国はほとんどが小国で、突然人口１・２５億人を擁する日本が現れ、特異です。因みに、アメリカは５・３５／10万（人）で79位、ブータンは１・１３／10万（人）で１５５位です。

治安の良さは江戸の頃からの伝統です。江戸の町はピーク時１００万〜１２０万人の人口を抱えますが、その治安（警備・捜査）にはわずか24人の与力と同心を含む２９０人の町奉行のみが当たっていました。奉行の方針を民間に伝達する町年寄がおり、その下に実務担当の町名主が存在して町の治安を守っていました。同心は５００〜６００人程度の岡っ引きを使い、彼らには手札を授け小遣い程度の給金を払っていました。その下の下っ引きを入れても1000人程度です。現在の東京都の人口はその十倍に膨れ上がったとは言え、東京警視庁職員数は4万7000人であり、如何に少人数で江戸の町の治安を守っていたのか驚きです。

　この事実は警備・捜査組織の優秀さのみでは説明しきれません。背景には武士道精神の存在もあったのは確かでしょうが、町民・農民の道徳観、共同体意識が高く、義理人情の世界であったのが最大の要因でしょう。

　村にあっても村人の団結は強く、全員で村の資源を守り、治安を良くする方策を話し合いで決定していました。宮本2によると、地方の村では問題が起こった時は数日かけて徹底的に話し合い、全員が納得するまで継続的に夜を徹して話し合ったと言います。もちろん村人は三々五々と家に帰り、食事後に再び話し合いに参加し、横になり、そこで眠りながらも全員一致を目指したと言われます。そのように決定された事項に違反した村人には、最も厳しい掟、「村《むら》八分《はちぶ》」がありました。村八分とは、日本の村落で、掟や秩序を破った者に対して課される制裁行為であり、住民が結束して交際を絶つことです。地域の生活における十の共同行為のうち、葬式の世話と火事の消火活動という、二分以外の一切の交流を絶つことです。江戸時代はこれを課されると入会地などの共同所有地が使えなくなり、薪炭や肥料（落ち葉堆肥など）の入手に窮するなど、事実上生活が出来なくなったと言われます。一家の生死にかかわる厳しい制裁であったことが想像できます。

Ⅲ　宗教（道徳）

1 日本人の宗教観

国や文明のいちばんの基礎は何かというと、それは広い意味での宗教である。神は遠く離れたところにあると考えてはならない。自分自身のうちに、神も仏もある。正直なものはそれ自身神である。また慈悲深き慈しみの心がそのまま「仏の心」なのである。それは、仏教の「一切衆生悉有仏性」というものに通じるかもしれない。人間はその本性において神及び仏と一体であり、もともと同じところから生まれ、そこへ帰ってゆく、ということを知れば、その人は日々の行い、心の持ちよう、そして、大切な日々の糧に自ずから恵まれるであろう。これこそ太古以来、日本の庶民が一度たりとも忘れたことのない、厳然たる「日本の宗教」の信仰箇条なのである（中西1）。

ここで日本人は宗教的（Religious）か否か考えてみましょう。「宗教的」とは人々の既存宗教への恭順（定期的な宗教施設への参拝、日々のお祈り等）、精神性の発達（外見）や社会生活の中でのそれら宗教で言う「善（行）」の実践度の高さ等を指すと考えられ、内面的な道徳観を示唆しているように窺えますが、多分に外的、つまり行為・行動をその基準としているようです。この基準によれば多くの日本人は宗教的とは言えないでしょう。

一方、新渡戸稲造はベルギーの法学者に、宗教教育がない、それではどのように子孫に道徳教育を授けるのですか？　と問われ、一時愕然とし即答できなかったと言っています。その後、それは日本では「武士道」であると喝破し著書に残しました。日本人の心の拠り所（西洋では宗教心）を問われ、新渡戸稲造は自己規制、自律心の発達を主眼とし、内的な鍛錬（努力）を必然的に伴っていた武士道こそ日本人の心柱と考え、西洋の宗教心に比肩しうると考えたのです。その識見には頭が下がる思いですが、日本人の他の側面にも注目すべきでしょう。「和」の精神、集団（共同体）の中での協同精神、協調性の発揮等も武士道と共に日本人、特に町民や農民の心の拠り所であったように思えます。義理人情という、まさに人との関係性の中で育まれた道徳観とも把握できる心情ではないでしょうか。

しかし、第二次世界大戦後、ＷＧＩＰによる洗脳や戦争への反動として、その武士道や「和」の精神と行為は個人主義、民主主義の浸潤、資本主義経済の膨張に反比例して等閑視され始めた事実は憂慮されます。直截的に表現すれば、利己を優先し、自己顕示に価値観が置かれるようになってきた、と言えるでしょう。特にテレビの普及、映像化時代の到来がその流れを加速しました。日本の既存宗教は元々教義が厳しくなく、規制も少なかったものの、以前の日本人の武士道や共同体精神は海外で言う宗教心に匹敵、あるいはそれを凌駕して余るほど日本人の内面に根付いており、自己規制を喚起し、争いの少ない平和な社会を構築していたと再認識せずにはおれません。日本人は西洋的な意味でのReligiousには当てはまらないかも知れませんが、それは外面に限られ、深層心理の底辺には無意識の日本人としての「心」が未だ根付いており、それこそ内面的な宗教心とも呼べるでしょう。原理主義ではなく世俗主義(spiritual but not religious)である、とも言えるでしょう。

内面の宗教心が外に現れ出た一つの行動が、「反省」という行為でしょう。「反省」は次項に述べるカミサマへの祈りとも考えられます。自分の中に存在するカミサマを信じれば、その目によって自分の行動を見つめた結果、滲み出てくる客観的な判断なのです。反省する人は宗教的だ、とも言えるでしょうし、その基準で判断すれば日本人は真の意味で宗教的だと自覚すべきでしょう。

2 カミサマ

宗教と不可分の「神」について考えてみましょう。苦境に陥った時、何かを期待する時、日本人は「カミサマ(神様)!」あるいは「カミサマ、仏様」と心で叫びます。日本人がこれらの時に呼びかける「カミサマ」とは何でしょうか。古事記上ツ巻に現れる八百万の神々の一人(一神)なのか、あるいは一神教のゴッド、アッラー、ヤハウェ等の神と同一なのでしょうか?

「ヨハネによる福音書」一章の初めに、「初めに言葉あり、言葉は神と共にあり、言葉は神なりき」とあります。この「言葉」は「ロゴス」であり、ゲーテが『ファウスト』の中でドイツ語に翻訳する時「言葉」と訳し、日本語に訳す時もそのまま「言葉」とした経緯があります。このロゴスは意味とか心、あるいは行為の意味も持っています。何れの意味にしろ人々と神との関係性を顕していると考えられますが、「神」については何の付帯説明も無く、その存在を既定事実と捉えたところから出発している点が注目されます。カトリック、モスレム、ユダヤ教等の一神教では、時空間の中で宇宙、地球、生物、人類を創造した造物主として一片の疑いもなく絶対的存在を信じています。西部は『国民の道徳』の中で次のように言っています。

＊中近東で興ったエホバのような絶対神は、その砂漠的な風土における厳しい生活環境で人々が紡ぎださざるを得なかった想念だと解釈されている。（『国民の道徳』西部邁、産経新聞社、２０００）

また、人生に何らかの負の経験をした者の中に無神論者がいますが、これは宗教心のない者と言う意味ではありません。日本で言う「カミサマ」とは、宇宙、地球、生物、人類等々そのもの、つまり自然の摂理全てを指していたり、アニミズムと同様にそれらの中の霊、神性を指していたりします。それぞれの事物自体個々に固有の「カミサマ」を感じたり、あるいは「カミサマ」が宿っていると感じたりしていますが、その差は全体像の全体を見るのか部分を見るのかといった差に他ならないように思えます。つまり、万物は全て一つの物として分別をしない仏教の教えにも近く、道元の言う「生と死の分別はない」との思想とも共通するように思えます。斯様に「カミサマ」は一物であったり、万物であったり、時空間を超えることもあり、宇宙さえも包括する概念として、かなりあやふやであるものの日本人が共有する観念（信仰？　信心？　宗教？）だと言えそうです。

次に日本古来からの神道、『古事記』の神話から続く神々や天皇について考えてみましょう。『古事記』の中でのイザナミ、イザナギ、その他の神々は高天原、つまり自然、宇宙が生んだ、とされる記述は注目に値します。イザナギ神から生まれた三貴子の一人（神？）天照大神の天孫が地上に降臨してニニギノミコトとなり、その曾孫が現人神となった神武天皇である、と『古事記』は記しています。これは当時の天武天皇の命により稗田阿礼が誦習し、太安万侶が書き記した歴史書です。しかし、上ツ巻部分は神話であり歴史的事実としての信憑性は低いように思えます。神話部分に限れば、当時（7世紀後半）の天皇一族が創り上げた壮大なロマンであり、歴史的事実に基づかない創作である可能性もあるかも知れません。『古事記』の中では人々もその神々と同じように自然の摂理から生まれたため、他の神々と同じ祖先を持っています。従って、神々は我々の中にも存在し、山川草木の中にも存在します。１２５代男系で続く天皇は正しく天照大神の子孫として、現代日本国民の象徴となっていますが、政治的には権力の上の権威としての存在が日本国憲法第一条にも謳われており、宗教行事（主に稲作に係わるマツリゴト）の神官を日本人代表として司っています。

八百万の神々は前記のように神話に基づいており、今上天皇はその系譜の最末端ですが、いずれも日本人が心に抱く「カミサマ」と少し趣を異にするように思われます。つまり、「カミサマ」は『古事記』の神話で言うところの神々よりもむしろ高天原（自然あるいは宇宙）の方を連想させるようです。このように「カミサマ」と訴える際の「カミサマ」は自然の摂理を指しており、特定の神、例えば恵比須さまや大黒さまではありません。また、『古事記』においてはその自然（宇宙）の誕生については不明としており、八百万の神々も我々も不分明としている点にも注目すべきでしょう。

ここで「カミサマ」、自然の摂理は一神教のGodに相当するように思えますが、Godが全宇宙、自然を作り出した造物主と考えられており、決して我々の内部には存在せず、外在であるのに対し、日本人が考える「カミサマ」は我々の内部にも存在し、内在神です。同じ多神教でもヒンズー教やギリシャの神々は外在神であり、我々の心の内部にあるとはしていません。我々内部にある神は良心とも考えられ、全ての人間が所有しているのではないでしょうか。従って、本質的には人々は争わないとする性善説を基礎としています。『古事記』は創作だとの説もありますが、その当時の日本人価値観の集大成ともみなされ、その中で話し合いの重要さ、「和」の尊さが述べられている点は高く評価すべきです。大和《やまと》は正に大きな和であり、当時から日本人が民主主義の本質を理解し、かつ地球生態系の持続性に必要な資質を備えていたことはこの『古事記』から読み取ることができます。

ここで「人事を尽くして天命を待つ」と言う時の天命について考えてみましょう。西洋に類似の諺、「天は自ら助くる者を助く（Heaven helps those who help themselves）」があります。後者においては、もし何かの願望が期待通りに行かない時、それは人の努力が足らなかった（原因）、従って神が救わなかった（結果）、と単純な解釈が可能です。一方、前者において「人事を尽くす」のは神事、神に仕える宗教行為と捉えられ一方的な義務履行であり、その見返りは全く期待しない点に注意する必要があります。「人事を尽くす」そのこと自体が重要であり、その結果にはコミットしない（できない）。つまりヒトは如何に最大限の努力を払っても願いが叶わないこともある、と達観した諺と理解することが可能です。自然災害もしかり、ヒト同士の競争においても思うような結果が得られないこともあります。ヒトに出来るのは人事を尽くすことであり、その結果はカミサマ（自然の摂理）の御心が裁量すること（天命）である、と納得しているように思えます。因果関係を有しない点が後者の諺と対照的です。豊穣である一方厳しい自然の中で生まれてきた自然への従順な心象が背景にあるのではないでしょうか。日本では勤労は神事であり、反省は良心（つまり神）を呼び戻すお祓いと考えられます。日本人には勤労、努力や反省という言葉に美意識を感じるような条件反射の回路が出来上がっているように窺えます。それらを無意識の重要な宗教行為と把握することも可能でしょう。日本人は敗者であっても誠実に頑張った者を応援する心性を有しています。むしろ敗者に同情し感情移入するような傾向さえあるようです。物にも魂（カミサマ）が宿るとし、「ものつくり」に心を入れ込むのも宗教行為と考えられなくもありません。これらの背景には常に「カミサマ」の存在が確認できます。

モスレムではヒトの全ての運命はアッラーが握っていると考えます。ヒトの運命を変えようとの試みは神（アッラー）に対する冒涜である、とまで考えます。ここではヒトの努力の無力さが強調されます。灼熱の太陽に焼かれる砂漠の中で、その自然に逆らうことの無力さが骨身にしみているのでしょうか（教訓－3参照）。

これらをまとめると、日本人が心に抱く「カミサマ」は明らかに西洋の一神教のGodやアッラー（神と訳されているが）と歴然と一線を画し、完全に別物と理解すべきです。神と訳すのは適当ではなく、誤解の基です。また、神社神道は八百万の神々を祀っており、「カミサマ」はその神々を生んだ高天原を指すとするならば、日本の「カミサマ」は教義を伴う宗教として捉えきれないどこ

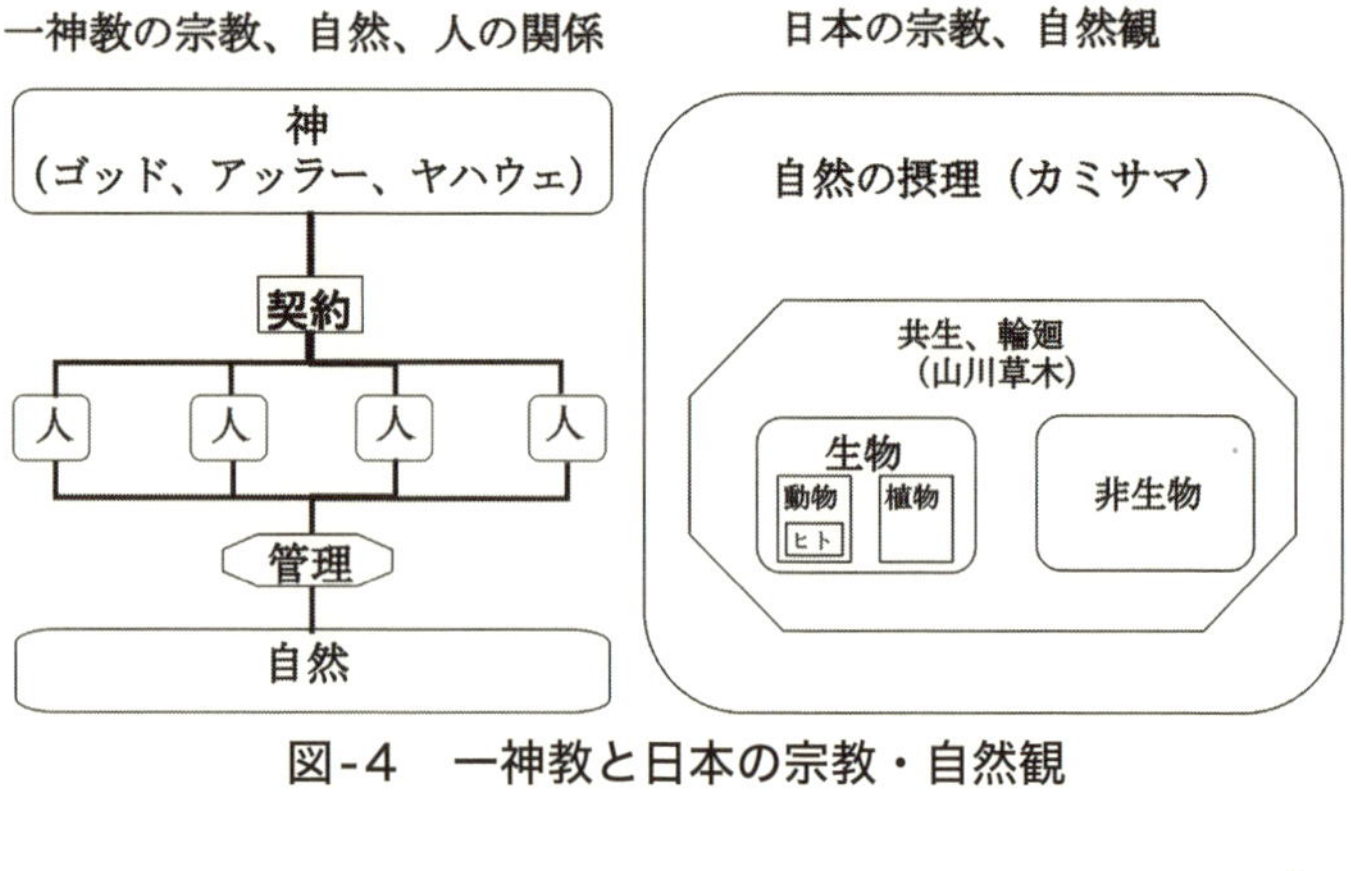

図-4　一神教と日本の宗教・自然観

ろか、宗教さえも包含する更に広い意味で把握されるべきでしょう。「カミサマ」は日本で培われてきた社会や生活の基盤そのものであったと言えます。「カミサマ」なしに生も死も、生活も、人々の絆も家族の継承もなかったのです。生活の基盤、つまり自然の摂理、生態系、大地、気候、宇宙そのもの、と捉えられます。概念を図示すると図I－4のようになります。

図で明らかなように、一神教においてはGod、人、自然が垂直的かつobjective（客観）な縦の関係にあるのが分かります。対して日本における「カミサマ」、人、自然は一体となり画然とした境界を形成していません。仏教信者かカトリック信者かを問わず日本人である限りこの「カミサマ」を心に持ち、それが他国の同じ宗教者と一線を画す理由のように思われます。従って、表面上の宗教は仏教だろうとカトリックだろうと、あるいは自分は宗教と関係ないと言う者でさえ、人生観、価値観に大きな差異を生んでいないことを日本人の無意識の宗教と言えないでしょうか。あえて言えば「日本教」なのですが、この言葉はネガティブな印象を伴っているので「和心教」とでも言うのでしょうか。あるいは仏教和心宗、神道和心派、キリスト教和心派等が考えられます。

渡辺3は知と信を単純に区別できない時代になってきているとしつつも、「……あらゆる宗教の根底にある人間と言う生物の感情です。それを信と名づけます。……としました」（『なぜいま人類史か』渡辺京二、洋泉社、２００７）。

教訓Ｉ－３　エジプトにて（宗教について）

ある日、同僚のエジプト人と著者の公用車で出張した時のことです。目的地に到着し、調査を始めようとする前に、同僚たちは著者に「何故、運転手に90㎞程度の遅い速度で走るように指導しているのか？」と詰め寄ってきました。「安全運転」の基本を彼らに説明したのですが、納得しません。「50㎞で走っていても事故の可能性はあるだろう、１５０㎞で走っていても事故を起こさないことがあるだろう。つまり、事故が起きるか否かは神（アッラー）が決めているのだ。人間が運命を決めるのではない」この論理で一貫しており、次からはもっと速く走ることを求めてきました。とんでもないことです。宗教論争は避けるべし、が我々の援助の鉄則ですが、命に関わることなので著者も必死で反論しました。「50㎞で走る時と１５０㎞で走る時、比べるとどちらが事故の確率が高いか、事故になった時どちらが致命的か、当然後者だろう。その速度を決めるのは１００％人間だろう。だから私は運転手に安全運転を指導しているのだ」彼等は納得しませんでしたが、著者の迫力に負けて沈黙しました。危ないところでした。

ボックス－1　Godと神

フランシスコ・ザビエルが16世紀に来日し、布教活動を開始するとともに、Deus（God）に該当する日本語を探しました。遂に「大日」にたどり着きますが、大日如来と比較しても全くの別物であることに気が付き、結局、デウス、とポルトガル語をそのまま使うことで落ち着きました。該当する言葉がないだけでなく、該当する概念自体を日本人に理解されることが困難だったのです。Deus（God）を神《しん》としたのは1873年に聖書の和訳に取り組んだヘボンであり、彼は聖書の中国語訳から日本語にする時も神《しん》とした経緯があります。日本人関係者は特に意識せずそのまま使用しましたが、のちにそれが神《かみ》と呼ばれるようになってもそのまま使用され続けた、ということになっています。しかし、明治から大正にかけては、むしろ天主や上帝がDeus（God）の訳語として使用され、神の訳はその後に来ています。辞書で神が優先的な訳語となったのは昭和に入ってからだと言われます。

Ⅳ　技術の伝承

1　神道に見る技術の伝承

伊勢神宮では、社殿をはじめ神を祀る施設のすべてを一新する「式年遷宮」の制度があります。式年とは定められた年限のことで、神宮では20年です。遷宮とは神を祀る宮を遷《うつ》すことです。すなわち、現在の社殿とは異なる社殿を隣接する敷地に新たに建設し、そこに御神体を遷すことが遷宮です。遷宮とは単なる「神の引っ越し」ではなく、再建・再生・更新・蘇生などを含意する言葉で日本人の精神が込められていると考えられています。毎年繰り返される稲作が日本人の精神性を創り上げ、その哲学で「式年遷宮」も20年周期で繰り返されるようになったのでしょう。持統天皇が第一回の遷宮を行って以来、数度の例外を除いて１２００年続けられています。この20年という間隔は、世代交代の時間と重なり、伊勢神宮を古代の建築様式で建て替える技術が次代の技術者に伝えられる時間と考えられます。

また、伊勢神宮では日別朝夕大御饌祭《ひごとあさゆうおおみけさい》が、朝と夕の二度、外宮の御饌殿《みけでん》で行われます。御飯、御水、御塩などを天照大御神に奉り、「国安かれ、民安かれ」との祈りと感謝を捧げるお祭りで、外宮の御鎮座以来、約１５００年間続けられていると言うことです。神饌《しんせん》は御飯三盛、鰹節、魚、海草、野菜、果物、御塩、御水、御酒三献と品目が定められ、それに御箸が添えられます。神饌を調理するのは忌火屋殿《いみびやでん》という建物です。神に奉る神饌は特別におこした火で調理することになっており、その火を清浄な火という意味で忌火と呼んでいます。忌火は神職が古代さながらに火鑽具《ひきりぐ》を用いておこした火でなければなりません。毎日の火鑽具を使うお祭りは、技術を伝承する意味も持っており、その技術伝承の行事が１５００年間も続けられているのは驚きです。

歴代天皇が田植えから始まり稲刈りまで、稲作の技術を毎年その時期に行う行事も技術伝承という側面からも高く評価されます。このように神道においては技術を後世に伝えようとする哲学が暗黙知として備わっていると言えるでしょう。

教訓Ｉ－４　ザンビア、技術移転

途上国に、ある技術の移転を考える時、その手段として専門家の現地指導、日本での研修等も有力ですが、最も効果的で永続性が期待できるのは留学制度でしょう。著者もザンビア赴任後３年でカウンターパートの一人を日本の大学博士課程工学専門に留学させました。修士課程を修了しており学力と資格に問題なく、性格も柔順かつ仕事熱心で留学効果は必ず上がると思われたのです。彼が大学修了間際、著者は既に任期を終え、日本に帰国していましたが、彼の大学所在地大阪から電話が掛かってきました。ビザが切れそうで東京の外務省まで出向せねばならず、今その往復旅費と必要経費10万円がどうしても足りない、と泣いて訴えてきたのです。ザンビア帰国後に必ず送り返す、と言うので10万円を送金しました。です。その後、2年程度経過した後、ザンビアに出張の機会ができ、彼に会ったのです。お金は期待していなかったのですが、やはり催促しました。何と彼はふてぶてしく笑っているだけで、返すことなど全く念頭にないような態度で、驚きました。彼は日本でせっせと測量器具を買い込み、ザンビアに持ち帰って測量事務所を立ち上げていたのです。ビザの件は嘘であり、また、政府の技師として日本で学んだ技術を開発に生かすことを期待していた著者は、完全にだまされていたことに気が付いたのです。留学を手にするまでの3年近く善良な技師を演じていたのを、その後彼に会って確認しました。彼は著者の全ての質問に高らかに笑って何も答えなかったのです。心の痛みなどその不敵な笑いから微塵も窺えなかったのです。体得した技術は個人の所有にしてしまう、というアフリカでの苦い教訓でした。

2 徒弟制度

いわゆる丁稚（小僧）奉公による徒弟の育成においては、技術だけを教えるのではなかったと言われています。江戸時代に職人や商人を育てるこの制度は、基本的には主人と番頭を筆頭とした徒弟制度でした。丁稚には給与は無く、衣食住だけが保障されていました。お盆・暮れの年2回、小遣いや藪入りの際の実家への手土産、新しい衣服（お仕着せ）などが支給されることもあったと言います。店主としては商売の教育を施して飯を食わせるのですから無給は当然であり、丁稚となる者にとっても商売の経験と将来的な独立への布石、また食い詰めた貧家からの丁稚であれば少なくとも飯が食えるというメリットはあったようです。住み込みで24時間、寝食を共にしながら、師匠や兄弟子に徹底的に指導され、人間的に成長するのを第一の目的としていました。人間性が鍛えられないと技術や知識は真に人のため世のためにならないとされたのです。まだまともな仕事も与えられず、掃除や道具の運搬、雑用が日課でしたが、先輩の仕事を横目に見ながら、自分の中に技術を蓄積していったのです。「技術は盗め」と言われるのは、教えられて学ぶ技術は身につかない、主体性をもって技術を凝視し、体で感じながら習得する技術こそ暗黙知として一生を通して体が覚えることができるからなのです。

③ 技術の共有化

そのようにして体得した技術や知識、経験は決して個人の所有物とは考えませんでした。次の世代に同じような経緯を経ながら伝えていくことに、何の疑問も持たなかったのです。技術の共有化に人生の充足感を味わっていたとも言えるでしょう。アフリカでの開発事業展開にあたり、獲得した技術は人に伝えるためではなく、個人の所有物、財産と考える社会習慣が大きな障害となっていました。「教訓－4」で明らかなように、留学や研修で獲得された知識や技術が同国人に的確に伝えられていたなら、開発事業の効果・効率は更に上がっているはずです。

V 日本流共同体の確立

① 村落共同体の歴史

我が国は縄文の時代から自然を「カミ」と崇め、その脅威に畏怖の念を抱くとともに人々は自然集落を創り上げ、共同で生き、自然からの恩恵を集落の中で分かち合ってきました。共同体（ムレ、村）は古代、アニミズムの中に産声をあげたのです。その頃から自然の命は人の命と分かちがたいという宇宙の真理を認識し、共同体を包む自然環境との共生を図ってきました。

集団生活は自然保護活動を必須としたのです。

そのように出来上がった伝統的村落共同体制度・活動はユイ、モヤイヤボ、デアイ、コウ、余荷《よない》等として歴史を通して発達し、その耕作地、水系、入会地、森林、漁場等を自然と共に守ってきました。江戸時代に入れば城下町は都市として発達してきましたが、信仰とも言える自然環境保護は都市の中でも生き続けました。「2環境保全」の項で触れたように、都市農村循環型開発によって都市環境は完全に保たれたのです。山、森、林等の保全が水を育み、その下流部のイネを育て、海洋資源を涵養する自然の摂理を熟知しており、各藩はそれぞれ開発と共にその自然環境を守る制度（江戸幕府による山川掟〈１６６６年〉等）を構築し、農林水産業を育んできました。普請という共同労働による治山治水による農村開発は国土開発そのものであったと言えます。このように江戸時代に完成された自然環境と村落共同体の共生の歴史は、現在も地方村落で生かされています。

明治時代に入り、近代化の進展とともに農業は徐々に自然循環の輪を離れ、商業価値を持つ生産物増加に注意が注がれることとなってきました。農業の変質と軌を一にし、それまで自然環境と共生してきた村落共同体の衰退が始まりました。第二次世界大戦後農村の構造改善が開始され、近代化・機械化の進展とともに、特に日本の主要穀物である米の生産が安定増産されてきました。労働力が農業部門から工業部門へ移動し、日本の経済発展の牽引となって工業化は達成されましたが、反比例して村の伝統が衰え、山村の過疎化問題が深刻化してきました。

しかし、近年市場経済の発達に伴い、人々は都市生活への懐疑、地元指向の追求、Uターン現象と地方自治体の受け入れ制度の充実が呼び水となり、町村や共同体単位で小規模産業の活性化が図られ始めるようになりました。特に市町村自治体や農協、生協等の団体が指導力を発揮し、大分県における一村一品運動等に代表されるように、ビジネスチャンスを積極的に開発するケースが増えています。これを六次産業と称することも有ります（一次＋二次＋三次産業）。江戸時代まで自然生態系と暗黙の契約を結んでいた村は、その原理である共同体が一旦衰えてきましたが、再びその価値に目が向けられ、復活の兆しが見え始めました。今後の村の発展は、農業や農村の多面的価値に対する国民の理解に委ねられていると言えるでしょう。

江戸時代から続く村落共同体は、必ずしもグループ内の平等を保証していませんでした。力関係による階層分化もほとんどの村落に見られました。その意味で、共同体はマルクスが言うようなユートピア的でなかったのは明らかですが、そのユートピア的な共同体を幻想とした見方もあります（吉本隆明）。ここでは共同体はイデオロギーや学術的な見解から離れ、過去現在とも現実的な視点から共同体を捉えます。

2 現在も続く自治組織活動例

(1) 広島県沼隈町の例——背景

広島県の南東部に人口1万2500人を抱えた沼隈町があります。この町には伝統的に「一《いっ》荷合力《かこうろく》」と呼ばれる共同作業がありました。一つの荷物を力を合わせて運ぶ、つまり、昔の農村ならどこでもやっていた共同作業を意味します。戦後間もなくの頃までは、「こうろく」とも略称されたこの習慣は近隣者同士で頻繁に行われていました。大雨で近所の山が崩れると、皆が雨合羽を着て被害を最小限に食い止めようと力を合わせたり、道に穴が出来れば、役場へ連絡するよりも先に皆で汗を流し、応急処置や修復を率先して行いました。昔の村々ではこのような共同作業はお互いの生存に必須だったのです。

ところが、高度経済成長が始まるとともに、この習慣が徐々に薄れてきました。専業農家が兼業農家となり、近隣の福山市や尾道市に勤めに出る町民が増えたのが大きな理由でした。その結果、地域のコミュニティー運動は不活発となり、人々の絆も都会並みに弱くなっていきました。この傾向に危機感を抱いた当時の町長は、人々の権利意識が強まるのに反比例して地域が崩壊していく流れを変えようと、昔の共同作業の習慣「一荷合力」の復活を目指しました。つまり、町全体のことは町が責任を持って整備するが、「地域づくりの主役は住民、それを側面から支援するのが行政」である、との信念でした。それを契機に住民主体の「地域づくり推進事業」に着手しました。

⑵ 概要と手順

単純に伝統的習慣の復活を住民に訴えても、既に崩壊しているコミュニティーの再生は容易ではありません。そこで、町長は新たな仕組みを導入しました。つまり、「住民の誰もが主人公になれる仕組み」、及び「地域がやりたいと思うことを地域でやれる仕組み」等です。その手順の概要は以下の通りです。

1　各地域の課題や夢を住民自らが話し合い、具体的な地域づくりの内容を計画書にまとめる。

2　計画書を町の地域振興課に提出する。

3　町長の承認を受ければ、所定の補助を受けながら事業の期限内に実施する。

この新たな制度により、やる気のある地区は自ら計画を立案し、承認を受けて指定期間中に事業を実施します。その期間中に完了した事業はその経費の半額から全額を町から補助されるという仕組みです。その決定要素はやる気と事業内容とされました。やる気に関しては、どれほど住民が自分たちの労力と時間を提供するか等で計られました。また、地区内の意見が反映されたものであるかどうか、多数決ではなく徹底的な話し合いで決められたかどうか等も重要な要素でした。

⑶ 展望

当初は町やマスコミも半信半疑で、どれほどの効果があるか疑いの目を向けていました。多くの抵抗に遭ったとも言われています。役場の担当課はこの逆風の中でむしろ奮起し、地区を回って新しい制度の理解を人々に求めました。徐々に事業例が出現し成功するに伴い、それまでの評価は変わっていきます。当初参加を躊躇していた地区も発奮し、事業計画立案を行い、この制度に申請を始めました。

事業内容は生活道路や河川の補修、公園の整備等のハード面が中心でしたが、次第に教育、文化、福祉等のソフト面に事業内容が移行していきました。ある地区では道路の拡張、共同墓地の整備、桜並木や藤棚作りに住民が総出で事業に当たったと報告しています。また、別の地区では3年をかけて総延長2200mの灌漑水路を全て住民だけで敷設しました。その総経費は資材代の約300万円のみという、驚くほどの費用対効果です。

この成果は物理面のみでなく、地域の自主性や連帯感が蘇ったことだと総括されています。「多数決」で少数の意見を切り捨てない、徹底した話し合いがその一つの鍵かもしれません。住民のやる気を行政担当が支援し、十分な自主性の尊重と共同事業の物理的・精神的効果が目に見える限り、この事業の持続性は確保されていると信じられています。村落共同体の伝統が蘇った一例です。

現在でも、ほとんどの街で一斉清掃、町内会活動、回覧板による連絡網等の伝統が守られています。このような自治活動は住民の自発的な意思で存続していますが、市区町村との連携も密に図られています。この連携で特に注目されるのはごみ収集における分別と当番制による住民の関わりです。ゴミ収集車の稼働は市区町村が受け持ちますが、ゴミの集積場管理は完全に住民に任されています。自治組織と役所の連携による環境保護は、今後世界のモデルになる可能性もあります。

3 定常社会の経験

江戸時代から明治中期頃までの日本の自給率はほぼ100%でした。江戸時代の清からの輸入は生糸中心、次いで織物類、わずかに砂糖だけで、逆に輸出には海産物が含まれていました。明治時代となり、朝鮮や台湾を併合した後、それらの国からコメ輸入が始まるまで、食糧の輸入はほとんどなかったのです（1910年に朝鮮から190万トン、台湾から40万トンの記録）。江戸時代の当初は開田、灌漑施設の増設等で米の生産が急増した後、江戸幕府及び各藩は開発工事に歯止めをかけ、稲作面積の増加が止まり、それに伴って人口も定常化したのです。

食糧生産基盤のみならず、森林や自然資源も上限に達し、村落は資源と人口の均衡を図らざるを得ない状態になりました。

かつては村落内の家々の分家を制限し、家数を増加させないようにしてきた。それは共有林などの資源が直接的に村の暮らしを支える基盤になっていたからで、逆に言えば生存を保障する共有林等の資源の容量そのものがそこに生きられる家数を制限してきた。それだけかつての暮らしは、自然資源に依存する割合が高かったのであり、又その枠内で村は生存を図ってきた。共有地は共有林に止まらず、茅場（カヤバ）、神社、墓地等も含んでいた。

〈『日本の民俗6　村の暮らし』湯川洋司、市川秀之、和田健、吉川弘文館、２００８〉

同じ頃、西洋諸国も資源の上限を経験していましたが、彼らの解決法は海外への資源開拓でした。フロンティア精神に則り、海外に進出しその地の資源を国内に持ち込み始めたのはいいのですが、多くの場合それは略奪、強奪に近いやり方だった事実を鑑みれば、日本の定常化社会の実現が際立って平和的に映ります。凸型と凹型文化の差と言ってしまえばいいのでしょうか。地球規模で見ても、資源の上限に近付きつつある現在、定常化社会は一つの有力なモデルとなりうるのではないでしょうか。

Ⅵ　伝統文化

1 古典芸能

日本で近世以前に創始され、現在も伝承・実演されている古典芸能はその多様性と芸術性の高さで世界でも有数です。芸術のみでなく技能も含み、特定階級または大衆の教養や娯楽、儀式や祭事などを催す際に付随して行動化されたもの、または行事化したものを特定の形式に系統化して伝承された、有形無形のものを指します。次のような詩歌・音楽・舞踊・絵画・工芸・芸道などがありますが、著者もほとんど馴染みがありません。

〈詩歌〉
和歌、長歌、短歌、旋頭歌、片歌、連歌、俳諧、俳句、連句、琉歌

〈日本舞踊〉
神楽、田楽、雅楽、舞楽、猿楽、白拍子、盆踊り、歌舞伎舞踊

〈演劇〉
能、能楽、狂言、歌舞伎、人形浄瑠璃
〈音楽〉
雅楽、邦楽、箏曲、琵琶曲、胡弓楽、尺八楽、三味線楽、地歌、浄瑠璃節、義太夫節、常磐津節、富本節、清元節、新内節、端唄、小唄、都々逸、島唄（奄美民謡）
〈講談（講釈）〉
落語、浪花節（浪曲）
〈工芸〉
彫金、漆器、陶芸、織物、和紙
〈芸道〉
茶道、香道、書道、華道

その他、笑いを文化にした寄席の文化は特異で、かつ世界に誇れる芸術です。海外ではチャップリンの数々の名作が思いつきますが、映画の世界に限られます。盆栽の文化も歴史が長く、今では世界が注目しています。これらの豊かな文化は日本人の心の支えとして、これからも発展していくと思われますが、海外にも紹介され大きな文化力（ソフト・パワー、後述）となると期待されます。

[2] 食文化

現代日本の食生活は外食、中食を含み、味、料理法、食材等が多様で、世界にも誇りうる文化です。この事実は食の歴史の古さと、忌憚なく海外からの食文化をとり入れてきた証しでしょう。歴史的に見れば、1万6500年前に煮炊きが行われていた事実が発掘された土器から明らかになり、その頃から料理が始まったと考えられます。宮本も、「植物性の食物は生ならば固いが、煮ると柔らかくなる性質をもっているものが多い。穀物の大半がそれであり、根菜の中にもそうしたものが多い。そればかりでなく味がずっと良くなる。そんなことから植物性食物を煮て食べる風習が非常に早く発達していったものであろう」と述べています。加熱によって味覚のみならず、解毒や保存が可能になり、長時間の加熱によって灰汁を除くことで木の実なども食べやすくなり、食物の範囲は急速に拡大しました。縄文時代終期から弥生時代にかけて、米が朝鮮半島等を通して導入され、米を中心とした食文化の形成が日本で始まりました。一人当たりの消費量が往時の半分以下になったとは言え、今でも米が食事の中心であると言って過言でないでしょう。

料理様式としては大饗料理が始まりで、禅宗の僧侶の間で行われた精進料理が続き、武家の料理文化も室町時代に本膳料理として完成しています。堅苦しく延々と続く本膳料理ではなく、その一部の美味しい部分を、自由に楽しもうとして発展をみたのが、懐石料理です。これは現在でも会席料理として受け継がれています。

このような純然たる和食、あるいは日本食は定義が困難で、今日の食事の多様性に辿りつくまでには海外の料理を日本人の味覚・視覚に合うように日本の食文化に取り入れてきました。この日本の食文化の特色は、食材の豊富さ、醗酵の多面的利用、出汁の豊かさ、新鮮な魚介類、季節季節で旬を楽しむ野菜・根菜・穀類・豆類、調味料・薬味・香味・彩等々で際立っています。農林水産省のホームページでは、「和食の特徴」として以下の四点が挙げられています。

- 多様で新鮮な食材とその持ち味の尊重
- 栄養バランスに優れた健康的な食生活
- 自然の美しさや季節の移ろいの表現
- 正月などの年中行事との密接な関わり

現在ではほとんどの世界の著名料理を日本に居ながらにして味わうことができ、日本でしか味わえない料理も数多く存在します。例えば、ラーメンは中華料理からヒントを得て、日本で多様な味付けと素材で一つの大きな食のジャンルを築き、今では世界に浸透しています。「スシ」は今では世界標準語になっているのではないでしょうか。

この食文化を日に三度堪能できる幸せな日々ですが、決して忘れてはならない過去がありま す。やはり宮本によれば、「日本が完全に飢饉、飢餓から解放されたのは昭和30年代になってからである。日本の長い歴史は飢餓、飢えとの戦いの歴史とも言える」との指摘です。アフリカやアジアの遠隔地貧困農村に行けば、日に一度貧しい食事しか味わえない幼子たちが大勢います。気候のわずかな変動にも脆弱な農業は十分な食料を生産できず、災害を受けた年には食事にありつくことも困難となります。日本人はこの日本の過酷な過去と途上国の貧困農家の存在を決して忘れてはなりません。

3 スポーツと精神鍛錬

相撲は日本古来の神事や祭りであり、同時に武芸でもあり武道でした。元々は日本固有の宗教である神道に基づいた神事であり、日本国内各地で「祭り」として奉納相撲が行われています。祭りの際には、天下泰平・子孫繁栄・五穀豊穣・大漁等を願って相撲を行う神社も少なくありません。そのため、礼儀作法などが重視されており、文化的な側面もあります。相撲は『古事記』にもその記述があり、歴史の古さが窺えます。相撲道と呼ばれる時は、相撲を通して個人の人格や体力を練磨することを目的とします。

日本には相撲道の他にも、柔道、剣道、空手道、合気道等があり、これらは格闘技であると共に、自己鍛錬、精神修養をも目的としています。また、戦う相手を敬う心も養い、単なるスポーツの域を超えているのが特徴です。このようにスポーツを通して精神を鍛える道は日本の特徴です。学校で実施される運動会、体育祭、競技会は体力の向上とともに、仲間との協調、相手への心遣い等を通して人間性の発達に欠かせない行事となっています。また、手・身体を動かす実習は運動神経を発達させ、その後の手足を使う職業や芸術に生かされます。体育祭等を再評価すべきでしょう。

第三章　日本が地球を救う行程表

I　日本の取り組み

地球の危機、日本の特質について第一章、第二章で概観しました。そのような特質を備えた日本が、どのように地球の持続性を高めていくかの道程を示すのが当章の目的です。地球の持続性を蝕んでいるのは、環境の劣化と各種の紛争です。資本主義経済はこれらを加速させている原因となっており、その鬼子である二極化の漸増、貧困、環境への負荷拡大を招いており、それらが環境劣化や平和の崩壊の原因となっています（図Ⅰ−1参照）。前章で触れたとおり、資本主義経済、あるいは市場経済に対しては、日本が取りうる現在の最善の戦略は、対症療法でしょう。共産主義が壮大な地球規模での実験を行い、見事にその社会が持続的でなかった事実を暴き出してくれました。しかし現在、資本主義を凌駕し、地球の持続性を高めるような経済システムは誰も打ち出していないように窺えます。

それらを総合的に勘案し、フローチャートに図示すると図Ⅰ−5となります。この中で日本の取り組みは、援助の拡大、技術開発の推進、環境保護の推進、自治体の再活性化、浪費の抑制、日本語教育の徹底、及び外交官活動と情宣の強化となります。日本の取り組みの結果、日本理解国が増大し、国連、特に安保理の改革を提案し、最終的に安全保障に関する国際法（国連憲章）を改革し平和を実現し最終的に地球の持続性を高める行程を次節に検討します。

西部邁は『保守の遺言』の中で次のように言っています。「国際法なんかは世界の奥座敷に飾られる単なるキレイゴトの掛け軸であって、世界の秩序を編成するのはすべてチカラだ、……」（『保守の遺言』西部邁、平凡社、２０１８）。正に、過去も現在も未来も、二国間、多国間関係の背景にあるのは「チカラ」です。日本も絶対的な力こそが必要です。しかし、それは核力や武力、あるいは財力のようなハード・パワーではありません。それは柔らかな力（ソフト・パワー）、つまり知

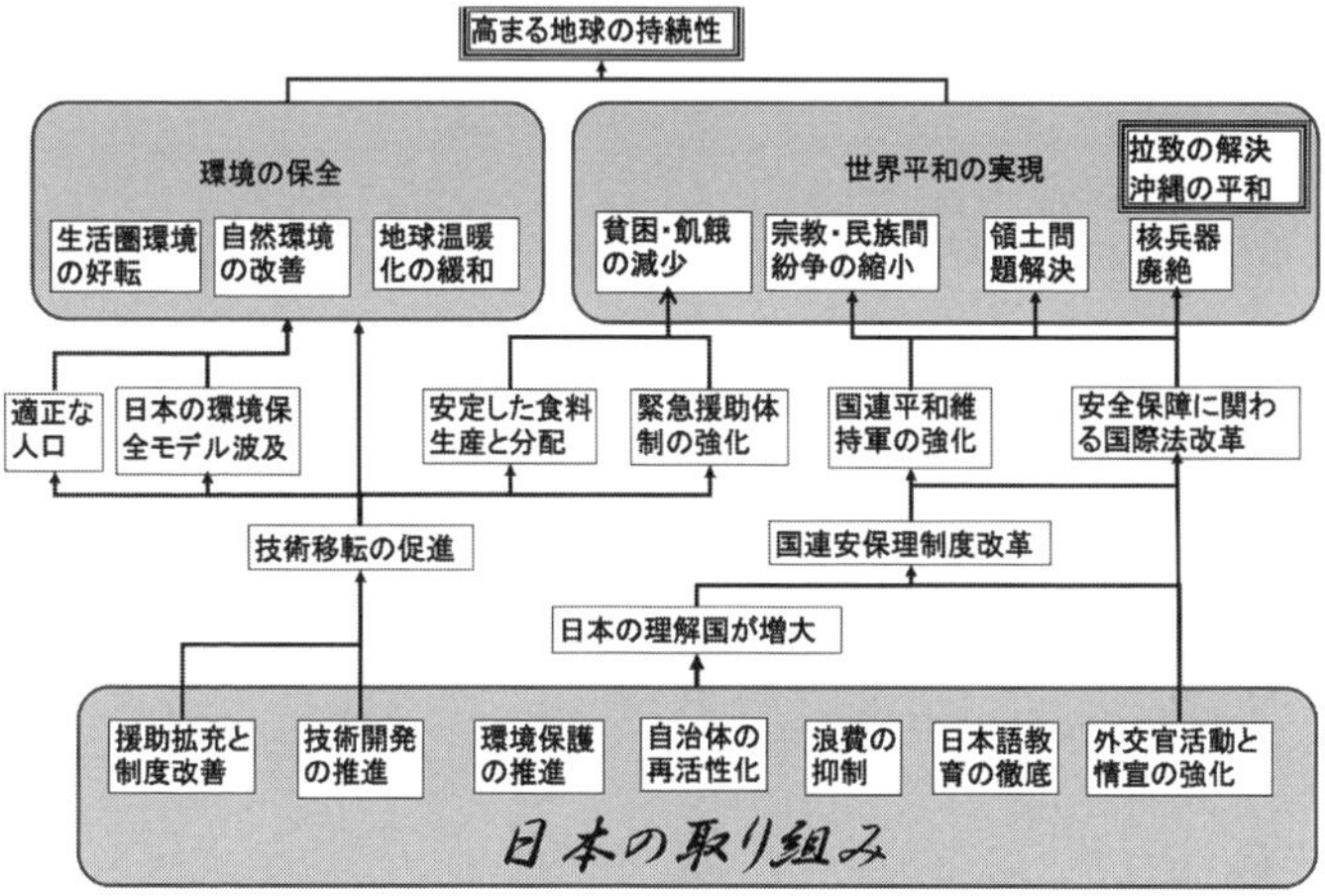

図-5　日本の取り組みと目的樹

力（知識）であり、和の力、言うなれば「和力」（ハーモナイジング・パワー）です。「権力を行使する道具や梃も、様々である。……それらの中で基本的なものは暴力、金力、知識である。……知識と言う力が最も利用範囲が広く、最も根源的である。……知識は最高質の力を生み出す。」アルビン・トフラーは『パワーシフト』でこのように述べています。

また、アメリカの政治学者ジョゼフ・ナイはソフト・パワーを軍事力や経済力などの他国を強制し得るハード・パワーと対置する概念として、例えばその国の有する文化や、国家の国内外における政策等を挙げています。これらのソフト・パワーは他国を無理やり従わせるのではなく、味方につける力である、と言っています。映画、音楽、ディズニーランド等の文化娯楽商品を世界に輸出して、世界中が親しみをもつような情報環境を作っているアメリカにその強みがある、とも述べていますが、一方、ソフト・パワーの限界にも言及しています。政府だけで制御できず、時には民間の力が政府に敵対する事態さえもあり得るとの弱点を指摘しました。

日本で言えば、漫画、アニメ、文学、芸術、日本食あるいは最近では映画もそのソフト・パワーに当たるでしょうか。津田は「大衆文化ばかりでなく、日本の自然、そして伝統文化もソフト・パワーとして大いに役立ちます。」と述べています。日本の文化、歴史、生活習慣、社会、政治、技術、伝統芸術等々が抜きん出ており、圧力あるいは風圧のごとく日本人の背後から相手を圧倒するチカラとなりえます。日本の自然をソフト・パワーにするためには、その地域・地域の自然の豊かさ、季節の深奥幽玄等とその中から生まれてきた伝統文化、伝統芸能を守り伝えていくことが必要です。故郷になっている地方の山や川、家並み、そして海等の環境をその地域が保全してきた歴史と、自然と一体となって生み出された伝統文化・伝統芸能は、海外の人たちに芸術に似た感動を与えずにはおかないでしょう。近年の海外からの旅行者が日本の代表的な観光地から外れ、地方の生活、自然に触れて満足するようになってきている傾向は、その意味からも大変喜ばしいことで、今後とも旅行社等が推進していくことが望まれます。

一方、「和力」とは何でしょうか？　これもキレイゴトの掛け軸に終わるのではないでしょうか。和力の定義は以下となります。

1　個々の日本人もそれなりに優れた資質を有していますが、例えば、西欧人と比べて特に優れているとは言えません。語学に関して言えば、多くのアフリカ人には及びません。ところが、団体、グループになれば相乗効果により希有な能力を発揮します。例えば、オリンピック等で活躍する陸上400mリレー等が好例です。新幹線や電車の定時運行も各担当事業間の「和力」の賜物です。協力する時、他のメンバーの能力や意図を慮り、足並みをそろえようとするのは日本のお家芸です。これは立派な能力、チカラ、です。

2　日本の中で日本語に育てられた日本人の、第三者、海外の人々を理解しようとする姿勢、その延長線上での協調しようとする態度は自然に備わった能力、やはり、チカラ、です。個を前面に出さない凹型の素質は大きな和力で、今後世界情勢の中で対立を緩和し調停しようとする時、限りない大きなチカラを発揮します。注意すべきは、諺にあるごとく「和して同ぜず」、自らの信念を貫き通す気概を忘れてはいけません。対人関係に限らず、「和」する心は対自然にも発揮されます。前章で触れた、「環境と共生する文化」の歴史的な素地が育んできたこの心性は、地球環境を持続的たらしめるための、最大で必須の「和力」です。その呪文は……「イタダキマス」「ゴチソウサマ」「オセワニナリマス」「モッタイナイ」「アリガタイ」「オツカレサン」「ゴクロウサン」等々です。

3

これらの「柔らかいチカラ」「和力」だけが、地球環境を守るための戦術に使用されます。その戦術とは「相手国を負かす」ことではありません。更に、「世界を変える」ことでもありません。凹型の国々、特に西欧文明やイスラム文明、中華文明国家群を相手に、そのような大それた考えは抱かないのが賢明です。その戦術は、「日本を理解し、国際会議等の交渉の場で日本に一票を投じさせる」ことです。この戦術にハード・パワーは必要ありません。この戦術を効果的に適用して国連、特に安全保障理事会制度、国連憲章、国際法等を変更するという戦略を成功せしめ、「地球環境の保全」を達成するのが最終目的です（図I-5参照）。誤解のないように付言すれば、近隣諸国とのおつきあいに、残念ながらまだハード・パワーを保有していなければなりませんが、このテーマは本書の目的から外れるため、これ以上深入りしません。しかし、米戦略国際問題研究所上級顧問のエドワード・ルトワック氏が『文藝春秋』（２０１８年12月号）に興味ある見解を述べています。徳川家康が内戦を完璧に封じ込め、世界で最も精妙な政治体制を創り上げた時を「日本１・０」、幕末期西洋列強の脅威に直面して「江戸システム」を捨てて、新しい「明治システム」を構築した「日本２・０」、１９４５年敗戦後、新しい「戦後システム」を構築した「日本３・０」として、今新たに「日本４・０」の時代に入ったと指摘しています。この中で、日本は眼前の危機にすばやく実践的に対応できるよう「自ら戦える国」を目指すべきだと提言しています。日本を取り巻く超凸型の国々、特に中国を意識し、米国との同盟を有効に活用しようとの意見です。本書は政治的な考察から距離を置いていますが、日本は「自ら戦える国」の前に「ソフト・パワーを使用して」と言う但し書きを付けるべき、と考えます。国同士の争いの時代には出来るだけ早期に終止符を打つべきです。そのためには国連の役割・力を見直す必要があります。この点は第三章の最重要事項ですので、後述します。さて、「柔らかいチカラ」「和力」を更に増強するための日本の取り組みを以下に述べます。

Ⅱ　日本語〈国語を守る〉

日本語のすばらしさは前章で詳述しました。今後は英語を話す凸型文化の世界に従属するのではなく、堂々と日本語を（論理的に）話す凹型の日本人として誇りを持って外国と対峙することが望まれます。日本語で普通に読み書き話す、この事が重要なのです。特別な身構えは必要ありません。普段の生活を続けるだけで日本語は守られます。それに加え、出来る範囲で活字に接する。日本語の本なら何でも構いません。料理の本でも、週刊誌でも、ミステリーでも、しかし、出来れば純文学がお薦めです。日本語の美しさと奥ゆかしさに出会えるでしょう。当然、日々読む新聞は滋味豊かな頭の栄養源となります。

次に、日本語教育の更なる強化が求められます。そのためには日本語教師の育成、増強が必要かも知れません。その日本語の教師は、海外へも出張し日本語を世界に普及させるのです。鈴木の言うところの「日本語教」信者の拡大です。津田も同様の日本語普及について言及しています。国語教育を小学校で充実させるためには、現在行われている英語の授業を廃止すべきです。英語教育は中学校からで充分です。特に、ネイティブ・スピーカーによる英語教師は、当然のことですが彼らの言葉の中に彼らの文化が内包されています。小学生がそれらの文化に接して無傷では済まないでしょう。単純で明快な英語は、凸型の習性を植え付けます。また、英語が日本語の上位だという誤ったメッセージを受け取る可能性は大です。情けないことに大人さえ英語にひれ伏して居るではないですか。津田は『日本語防衛論』で英語の早期教育の問題点および英語による英語教育の問題点を以下のようにまとめています（『日本語防衛論』津田幸男、小学館、２０１１）。

☑英語早期教育の問題点

1　子供たちは日本語を捨て、英語に「乗り換え」ないだろうか
2　英語信仰、欧米信仰の早期化と固定化
3　「セミリンガル」という不幸を生み出す（ある言葉を中途半端にしか話せない）
4　「英語が話せても、勉強ができない子供」が増える

☑英語による英語教育の問題点

1　日本語は「従」の意識の醸成
2　深まるネイティブ・スピーカー信仰
3　英語教育がより分かりにくくなる

彼はアメリカで博士号を取得し、筑波大学で英語を教えています。そのため、前記の論理には説得力があるのではないでしょうか。彼は更に「第二の英語」の脅威を訴えています。非英

語圏出身の英語の話者による英語で、「国際英語」とも表現されます。彼らは英語話者である事実に優越感を持ち、その英語により表現された内容にさえ、絶対的な優越性を疑いません。著者が滞在したアフリカやアジアでも、英語による演説、発表、討論においては、如何に上手な英語を話すかという点に重点が置かれ、話す内容は、歴史や多様な価値観や他人の思惑等に対する計らいは希薄だったように窺えます。英語の中に凸型の思想・文化・価値観が組み込まれているのでしょう。英語早期開始の最大の問題点は、まだ未熟な子供たちが英語によって、その西欧凸型文化の影響を受け、日本語や日本文化に対する劣等意識を植え付けられてしまう恐れです。西欧文化と価値観に染まった日本人が生まれ育っていくとの危惧を抱かざるをえません。言葉は文化を生み、文化が言葉を洗練させ、その言語者の価値観を確定すると信じています。英語を流暢に話す途上国人が、欧米のすばらしい道徳観は見習おうとはせず、個人主義的価値観のみを自由主義・民主主義の名の下に身に付けている実態は、日本の反面教師ではないでしょうか。英語の早期学習は、日本が限りなく途上国化する過程を速めているように思えます。英語は怖い、というのが著者の偽らざる実感です。

Ⅲ　自治活動の活性化

現在行われている地域の自治活動を存続させ、出来れば参加者を増加させることが望まれます。一昔前の村落共同体のような生産手段や労働の共同化といった個人を束縛するような制度ではありません。当然、イデオロギーとは無関係です。住んでいる街を皆で協同して清潔に保ちましょう、治安の維持にも役立てましょう、という程度の隣人同士のお約束事なのです。「共同体」と言うと人々の束縛へのイメージが障害になって、進展を見ないかも知れません。現在、団地にも自治組織があるそうで、それらの活動を支える公機関の支援が有効です。自治活動は環境保護と密接に関連しています。環境保護分野に関しては次項で考察します。

治安に関しても、自治活動は重要な役割を果たしています。近隣の人たちとのお付き合いが柔らかな防犯手段となっており、不審者の挙動を監視し、未然に犯罪を防いでいます。一方、アパートなどでは人の出入りが激しく、アパート居住者は土地の住民たちとの接点が少なく、治安維持にも影響しています。今後はアパート等とも交流が促進できる枠組み作りが望まれます。

最近防災意識が高まっていますが、地域の自治組織が防災に一役買っており、計画策定まで実施している市町があるとのことです。防災のための自治組織強化は自治体に属する住民の結束力を強め、町の平和に直結することは言うまでもありません。

教訓Ⅰ－5　イスラエル、キブツの経験

ＪＩＣＡはイスラエル国から要請され、著者を調査団団長とする5人の専門家による案件発掘調査を企画し実施しました。要請された内容は「アフリカに移転可能な技術の発掘」で、特に灌漑技術、農業への水利用技術等が主体でした。その調査の一環でネゲブ砂漠近くのBe'er Shevaの街西方約35㎞、世界一人口密度の高いパレスチナのガザストリップに隣接するKibbutz Nir'Ozを訪問しました。１９０９年帝政ロシアの迫害を逃れた若いユダヤ人男女の一群がパレスチナに渡り、最初の共同村デガニアをガリラヤ湖南岸に設立したのがキブツの始まりです。彼らは、自分たちの国家建設の夢を実現させようと願って、生産的自力労働、集団責任、身分の平等、機会均等という4大原則に基づく集団生活を始め、土地を手に入れ開墾していったのです。現在、国境地域を中心に約２７０のキブツが存在し、それぞれのキブツの構成員は１００～１０００人と言われます。

しかし、見たのは「キブツ＝共同体」からイメージしていた組織とは全くかけ離れた実体でした。学校、図書館、診療所、映画館、スポーツ施設などの建設もすすめられ、資本家企業が存在する普通の町とほとんど変わらない近代的な姿でした。農業といえば、２００㎞離れた水源から延々とパイプで導水し、完全自動化した灌漑施設で散水している

大規模機械化農業でした。それらの大資本を要する近代的な農業システムはアフリカ、特に小農は適応できません。しかし、多くの灌漑技術の中に、応用すればアフリカ小農が使用できる素材を見出し、ＪＩＣＡに報告しました。その技術は現地資材であるエレファントグラスと若干の灌木のみで行える乾燥地での灌漑方法で、資材費がかからず農民の努力だけで適用できます。

Ⅳ　環境保護事業の推進

①国の取り組み

２０１８年４月に環境基本法に基づく第五次環境基本計画が閣議決定されました。環境省の奮闘の跡が窺えます。当計画では地方で若年人口、生産年齢人口の減少が進み、環境保全の取り組みにも深刻な影響を与えており、例えば、農林業の担い手の減少により、耕作放棄地や手入れの行き届かない森林が増加し、生物多様性の低下や生態系サービスの劣化につながっている、としています。これらの現況を踏まえ、「地域循環共生圏」の構想を計画で打ち立てました。地域は人口減少・少子高齢化等に起因する課題が顕在化している一方で、豊かな自然環境など地域ごとに多様なポテンシャルを有している、との認識です。森林原野は手付かずに放置すれば竹等が無制限に蔓延り、木々はひょろ長くなって地滑りの原因になります。森林や山は適度に管理せねば、劣化するのは必然です。これらの土地を公機関が購入し、里地里山として一般に開放する案が考えられます。

日本の環境保全に関しては環境省に任せておけるとは言うものの、その守備範囲外については若干懸念が残ります。例えば、東日本大震災については除去土壌等や放射性物質汚染廃棄物への対応等が進められていますが、新たな震災に対しては環境省のみで対応しきれないのは当然です。当震災により東京電力福島第一原子力発電所が事故を被り、大量の放射性物質が環境中に放出され、被災した多くの人々が避難生活を余儀なくされましたが、この事例により日本のソフト・パワーが大きく損なわれました。このような事態を防ぐには、環境省を超えたオール日本の取り組み、また原発を稼働させる電力会社の意識改革とともに、電力の自由化が始まったため消費者は少しでも安い電力を求めるようになりましたが、電力会社への信頼性と適切な対策を要求するための価格上昇に国民は同意すべきでしょう。

各省庁に望まれるのは省庁の壁を越えた意思疎通をさらに徹底し、環境省と共に環境保護に万全を期してもらいたいということです。

2 地区・町内自治組織による取り組み

江戸では限られた資源を有効に使いまわす「循環型社会」が実現していました。経済と人口の成長が臨界点を迎えつつある今、レンタル、リース、リサイクルという発想をもった当時の社会システムと人々の暮らしを見直すべきです（『環境先進国・江戸』鬼頭宏）。廃棄物の発生抑制（Reduce）、再使用（Reuse）、リサイクル（Recycle）の３Ｒを進め、適正処理の確保を徹底し、物質の循環の輪を途切れさせない循環型社会を構築すべき、と言う意見も有ります。そのためにもゴミ収集・分別や一斉清掃を通した地域（町内会、区、アパート等）活動の再評価とその強化が望まれます。このように、これまで日本は多くの経験を経て、廃棄物処理等の技術や制度を確立してきており、世界のモデルとなりえます。

3 海外への技術支援

世界の循環型社会の構築に向けて、地域コミュニティの力をアジア諸国に広げていくことも重要です。日本は経済発展の段階に応じてさまざまな廃棄物問題を経験し、解決してきた歴史がありますが、こうした経験と技術・制度を特に途上国に移転する意義は大変高いと言えるでしょう。廃棄物処理、リサイクル技術と、循環型社会の構築に向けた法整備等のシステムに係わる国際協力等は既にＪＩＣＡが行ってきており、中国等で成果を上げてきました。中国に対する援助には終止符が打たれましたが、ＪＩＣＡが実施する当分野に対する国際協力については大きな効果が期待できます。この点は「Ⅳ　援助倍増と制度改善」で検討いたします。

一方、技術水準の高い日本は多くの地球温暖化防止のための新技術開発を行っています。例えば、バイオマス発電、太陽光発電、地熱発電、水素発電、波力発電、畜産廃棄物のメタン発酵処理によるエネルギー利用、廃棄物利用等です。著者はこれらの技術に馴染みがないため、ここではそれら新技術の開発・普及に日本が果たしている役割の大きさを指摘するに止めます。今後とも、これら技術者の開発努力に期待が寄せられます。また、積極的に海外にこれらの技術を移転する試みも日本に求められるでしょう。

Ⅴ　浪費の縮小

1 資源の浪費をしない

積極的に土地の食料生産性を向上させ、キャリング・キャパシティーを増加させるのが望ましいとは言え、農家以外の者には困難です。しかし、食料に対する洞察力を高めることは十分可能と言えます。例えば、牛、豚、鶏の食肉生産に必要な穀物（飼料）量で養える人数は10：

4：2であり、牛を食べるより豚を、豚を食べるより鶏を食べる方が資源浪費をしないことになります。食物連鎖の最下位に当たる穀物・野菜でカロリーを取るのはさらに効率的であるのは言うまでもありません。一方、土地を必要としない漁業を通した水産物はさらに効率的です。水産物に切り替える方がはるかに土地資源収奪を抑えることに繋がります。もっとも水産物も有限であり、乱獲は資源の縮小を招くため、養殖を増加させるのが資源保全に有利でしょう。また、地産地消を進めるのも、交通量や燃料節減という意味からもガイアの持続性を高める有効な手段です。栄養バランスを取りながらも、消費動向も極力これらの事実に沿った方針が望まれます。

新しい製品、IT関連商品、何れも加速度的に魅力的になっていきます。終わりなき欲望への誘いとも言えるでしょう。より便利さを備えた道具や物への誘惑もあふれています。特に新しいIT製品は新たな需要を喚起し、「必要は発明の母」ならぬ「発明は必要の母」となって際限のない製品買い替えを余儀なくさせているようです。また、映像手段、特にテレビが深層心理に与える影響は計り知れない点も思い返す必要があります。物、特に新しい製品等に対する欲望、分不相応な浪費に対しては必要でない限り極力節度のある態度で臨むのが肝要だと言えるでしょう。

つまり、便利さ、贅沢さに対しては無条件に取り入れたり、逆に全て拒絶したりする態度ではなく、取捨選択の戦略が望ましいと言えます。その選択の基準は「ガイアの持続性にマイナスか否か」の一点です。具体的に表現すれば、全ての人間が同じ選択をした場合、自然環境に影響せず資源の永続も担保されるか否か？　との基準です。例を挙げれば、全ての人間が牛肉を好きなだけ食べれば、食糧（主食）生産資源は飼料作物生産に取って代わられ、食糧の高価格を招く恐れがあります。その結果は、貧困層への致命的な影響を与えずにはおかないでしょう。また、全ての人間が車を所有し自由に乗り回すとすれば、道路事情や消費燃料の増加が地球環境にはマイナスに作用するのではないか、との問いが必要です。二つの例への答えは何れも出来るだけ消費や使用を抑えるべきだ、との結論になるでしょう。それらを最小限にしようとの戦略が、地球環境を持続するために最善です。

あらゆる分野の世界情報は今や発達した情報網により瞬時に世界の隅々まで届くようになっています。グローバリズムは今や家の中にまで入り込み不可逆的となっていますが、この潮流に流されるのではなく、グローバリズムに対する健全な精神・対応力を養うことが求められていると言えるでしょう。

２ 金融社会の危険性に留意する

中谷（前述）が指摘したのは純粋に国家あるいは個人経済の破綻に対する警告です。個人のモラル・レベルでの崩壊に対する警戒については沈黙しているように窺えます。職を通じた収入以外で所得を増やそうとするのは個人の価値観に委ねられますが、得られた収入の中で支出する生活設計と姿勢が求められます。収入で手が届かないような過大な欲求を満たそうとすればモラルの破綻に直結するマネーゲームに手を出す恐れが増大します。射幸心を満足させるようなマネーゲームは避けるのが得策と言えるでしょう。一言でいえば「足るを知る」、「慎ましい生活をする」に尽きます。そのためにも先に述べたごとく、映像、全てのモニター、ディスプレイからの影響を最低限に抑える心構えが求められます。映像手段のない時代に比べ、現在では映像手段はテレビからインターネット、スマホまで身近に溢れており、物への誘惑が何時の間にか視覚を通して無意識の澱みに潜みこんでしまう恐れが大です。この影響を最小限に抑えようとするには相当の努力が必要です。映像からの影響は人々の体型や化粧、服装にまで及び、この事実が更なる欲求へとエスカレートしていきます。映像手段との正しい付き合い方を模索すべきでしょう。更に具体的に表現すれば、自分なりの価値観を確立し、そのフィルターで身の回りの社会環境を観測して自律した生き方をするのが望ましいと言えます。

Ⅵ　援助倍増と制度改善

①援助額の倍増

日本は１９９０年代、世界でもトップの援助額を誇っていました。ところが21世紀になった頃から援助額が減額し、現在では表Ｉ－３の通り、世界で5番目にまで下がってしまいました。日本の援助は他国や国際機関、あるいはＮＧＯの援助等に比しても、その効果・効率で決して遜色ありません。むしろ、真に相手国の人々に有益な援助の質を誇ります。今後、援助額を増加し、少なくともドイツと肩を並べるくらいになるのが待たれます。この援助倍増により、日本理解国が必ず増えるものと確信します。一方、「札束で頬を打つ」ような援助を中国などは行っており、これはハード・パワーに分類されるでしょう。しかし、相手の自立心を助長するために費消される経済力はソフト・パワーと認められます。援助は二律背反の影響があり、援助の内容とアプローチによっては相手国の自立心を削ぎ、逆効果となる可能性がある点に留意せねばなりません。質が高く、被援助国が経済的に自立できるような真に効率的・効果的な援助にするため、援助国は最大限の注意を払わねばなりません。従って、援助額の増額は、必ず制度や組織の改善と一体となって実施されることが必須です。これらの点について、次節で検討します。また、日本の経済協力、ＯＤＡの流れは図Ｉ－６に示しました。

表-3　主要援助国のODA実績の推移（支出純額ベース）（2016年）

順位	国名	単位：百万US＄
1	米国	34,411.60
2	ドイツ	24,735.70
3	イギリス	18,052.80
4	EU	17,106.40
5	日本	10,416.80
6	フランス	9,621.67
7	トルコ	6,487.68
8	イタリア	5,087.39
9	オランダ	4,966.26
10	スウェーデン	4,893.74
11	ノルウェー	4,380.08
12	スペイン	4,277.57

（注）被援助国から援助供与国への貸付の返済額を差し引いた純拠出ベース（Net Disbursement）。

２ 専門家の確保とＪＩＣＡの組織変革

派遣される国際協力機構（ＪＩＣＡ）専門家は、途上国から要請がある都度募集され、一定期間の契約で当該国に配属となります。期間は数カ月程度の短期派遣から、２〜３年程度の長期派遣までの形態があります。何れのケースも延長制度がありますが、５年を超過することは稀です。現状の予算制度と被援助国からの要請に基づく専門家派遣では、契約制度はやむを得ない措置です。一回毎の新規契約であるため、専門家にとっては初めての国であることが多く、その国の習慣・生活・言語・配属先事情等に慣れるのに、長期間を要することが避けられません。その欠陥を補うために、次項で検討する国際協力専門員制度が発足し、ＪＩＣＡお抱え専門家とも言える国際協力専門員が活動を開始しました。それでも必要な専門分野の専門家を常時抱えることは不可能であることに変わりありません。専門員制度の拡充は次項で検討しますが、ここでは不足する熟練専門家をどのように補うか、一案を示します。

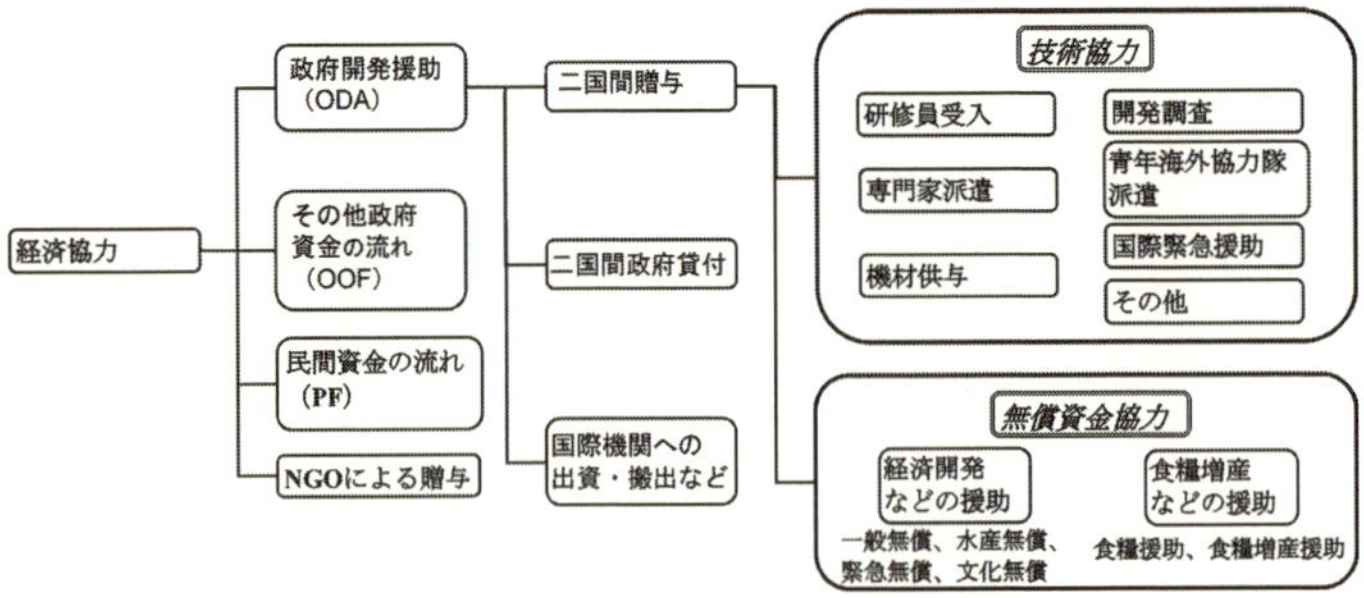

図-6　日本の経済協力、ODAの流れ

ＪＩＣＡ職員は事務を中心とする総合職とも言える業務を担当します。専門家として派遣される場合も事務や調整業務担当の調整員として、また、それ程専門性を問われないプロジェクト・リーダーとして派遣されます。この制度を専門家と合体させ、職員採用時に専門家派遣を前提とした雇用形態とすることが考えられます。この新体制のためには職員数を倍増する必要があります。採用後、ＪＩＣＡ業務と被援助国との折衝等を学ぶため、５年程度事務職を経験します。その後、インターン専門家としてベテラン専門家が派遣されているプロジェクト等に数年専門家として配属されます。いわゆる専門家の徒弟制度です。専門家として現場の事情を体得した後、再び職員に返り咲き、専門家業務で得た経験をＪＩＣＡ業務に生かしていけば、現場の事情がＪＩＣＡに還元され、より効果的・効率的な援助が立案されていきます。ＪＩＣＡと専門家の意思疎通がより円滑になるのは言うまでもないでしょう。そのように専門家と事務担当職をローテーションし、経験を積んだ専門家と、協力事業の最先端である現場を熟知した職員の二刀流、バイ・タレントな人材をＪＩＣＡが抱えることとなります。そのような人材を専門家職員とも呼べるでしょう。専門家制度を改善する一案でした。なお、日本の経済協力及びＯＤＡの流れは図Ｉ－６の通りです。

3 国際協力専門員制度の改革

ＪＩＣＡの技術協力は世界に誇りうるレベルであるのは前述した通りです。一方、無償資金協力事業、あるいは有償資金協力事業等で効果を上げていないプロジェクトも少なくありません。その原因の一端は、それらの案件立案時の責任者、担当者が非専門家であるためです。国際協力専門員（JICA Senior Advisor：以後、専門員）がそれらの案件立案に関わり、現地調査団の団長を務めることが多々あります。しかし、残念ながらその専門的な助言が反映されず、不本意なプロジェクト内容に変更される場合も少なからず存在します。専門員は決定権を保有していないのです。専門員はその道の真の専門家であるので、案件立案時から最終計画内容決定まで一貫して関わり、その後もその案件の終了時、事後評価まで責任を保持して監視し続けるのが理想的です。そのためには、委嘱制度である雇用形態を変更し、職員の一員となる制度にするのが最善です。前項で検討した専門家職員が専門員に昇格することも一案でしょう。

専門員制度は発足時の専門家の確保目的から、現在ではインハウス・コンサルタント的な業務に変わりつつあります。事業部（社会開発、農村開発等）や地域部（アフリカ部、中南米部等）に配属され、専門的な助言を行う業務が増えてきました。各事業部で専門のアドバイザーになっていますが、部長と同格の役職（例えば、技術顧問）を新たに設け、種々のプロジェクトの決定権と共に責任をもって計画立案から、実施中助言、終了時評価、事後評価等に携わるようにする制度も一案です。

④ 青年海外協力隊員の増加

青年海外協力隊制度は既に半世紀を超え、多くの有用な人材を育成してきました。派遣先での好評判も特異です。この制度は今後とも維持し、出来れば更に派遣増に結び付くことが期待されます。隊員の中には、単に海外での奉仕活動に興味があり、帰国後はそれぞれ別の道を歩む者や、元の仕事に復帰する者も存在しますが、引き続き海外での協力事業に従事する希望を持つ隊員も少なくありません。このような隊員には大きなプロジェクトへの派遣で経験を積ませ、帰国後は前項で検討した専門家職員に採用される道を用意するのも一案です。協力隊員は多くの場合、草の根に入り、途上国の若者たちとの交流が行われます。隊員個人にとっては草の根の経験は今後の業務に大きな糧となり、相手の若者にとっては日本と日本の若者を理解し、日本びいきとなる大きな機会となります。

派遣前に三カ月程度の訓練がありますが、この時、日本の文化、歴史、芸術等の講義を増加し、日本の紹介ビデオを携えて現地で実演、普及すれば、日本の理解国も増加すると考えられます。協力隊制度は、青年個々の教育の観点からのみでなく、大きく協力事業全体、更に日本の情宣等からの視点で俯瞰し直すことが求められます。

5 国際緊急援助隊の増強

ボックス－2は国際緊急援助隊の概要です。外務省、ＪＩＣＡが中心となって派遣する救助隊は既に多くの実績があり、支援を受けた国々から高い評価を得ています。この制度を充実させ、より迅速で効果的な災害対策が出来るよう更に法整備と人材の確保が望まれます。既に、隊員は全国の消防本部・警察本部・海上保安本部等では選抜されている、という情報ですが、更により多くの医師、看護師、構造評価専門家等の登録と、ＪＩＣＡ・外務省等による相手国受け入れ態勢の迅速な整備が待たれます。また、自衛隊の機動力と土木作業の技術と士気の高さは、著者も東ティモールで目の当たりにしました。陸海空自衛隊の派遣により、速やかに医療・防疫などの緊急援助活動や物資の輸送活動、被災地復興のための復旧活動などを行えるように整備されることが、待たれます。

ボックス－2　国際緊急救助隊（ＪＤＲ）（Wikipedia）

海外で発生した自然災害や、建築物の倒壊など人為的災害に対して行う人的支援のことをいう。地震や台風など自然災害が多い日本で培われた経験やノウハウを海外の災害で活かすべく、１９８７年に施行された国際緊急救助隊の派遣に関する法律が活動根拠である。１９９２年、ＰＫＯ法成立とＪＤＲ法改正により、紛争に起因する戦災がＰＫＯ、それ以外の自然災害がＪＤＲという区分になった。被災国の要請により、政府が国際協力機構（ＪＩＣＡ）の調整の下で援助の目的・役割に応じて、外務省が各関係省庁の協力の下に編成する「救助チーム」「医療チーム」「専門家チーム」「感染対策チーム」「自衛隊部隊」の５タイプのチームがある。この他、東京消防庁の国際消防救助隊（ＩＲＴ）があり、消防庁の国際消防救助隊の他、警察庁・海上保安庁の隊員により編成され被災者の捜索、救出にあたる。

Ⅶ　日本理解国の増大と情宣の強化

１　日本の街がモデルと認識される

まず、日本が国として世界のモデルである事実を示すことが必要です。そのためには日本人が日本の長所（と短所）を自覚し、日本文化を一層内面化することが求められます。次に、日本語教育を充実させ、英語は中学から始めます。街の自治体の強化によりゴミ収集の徹底と美化作業、治安の維持が、モデルとなる必要条件です。

日本人の心性の美点を前章で検討しました。宗教に関しても、決して無宗教であったり信心が浅くないことを自覚せねばなりません。そのような自覚と共に日本人の品格が取り戻せることでしょう。

２ JICA研修内容は視察に重点

ＪＩＣＡの種々の研修についてはここで検討しません。研修内容をより充実させようとの取り組みは、もちろん評価に値します。一方、日本での研修は、日本を理解し、より日本に心酔してもらう格好の機会と捉えられます。日本語の課外授業も行われており、一定の効果を出しています。それに加え、専門の研修以外に日本の文化、歴史、伝統や技術の真髄を経験してもらうのも大変有益です。特に期待されるのは、何故日本の開発が進んでいるのか、の謎を知ってもらうのが一番有効です。その謎の一端は、「技術の伝達」です。日本で得た知識・経験を同胞に伝えようとする意欲は、期待を大きく下回ります。「技術の伝達」の大事さと共に、「和」の大事さ、つまり「共同」「連携」の有意義さを学んでもらうのも大事です。それらのために、例えば、新幹線を経験してもらう、新幹線の定時運行の秘密を知ってもらう、つまり、ＪＲ業務の視察、種々の職種間の共同事業の実態、特に新幹線の定時運行の秘密等に接してもらい、日本の開発の謎に迫ってもらいます。

3 観光に日本紹介要素

２０２０年、東京でオリンピックが始まります。聞くところによると参加する各国をもてなすのは日本の各地の街だそうです。これは非常に有意義なおもてなしが期待できます。この時、その町の自然や歴史、産業や伝統芸術等にも親しんでもらうようにすれば、日本への親しみは増し、理解国増につながるものと確信します。その他、この機会に多くの外国人が訪問するのは必至です。更に、２０２５年には大阪万博が開催されます。観光地にしてもその秩序、清潔さ、日本人の礼儀正しさを知ってもらう絶好の機会です。各地で、日本紹介プログラムを企画し、大いに宣伝してもらうのが、後に討議する国連改革につながり、最終的に地球環境を持続的にします。人々の毎日の生活が地球環境を守る、という確信を持って海外の人々と付き合ってもらいたいものです。

4 日本の情宣

海外、特に途上国に滞在して残念に思うことの一つは、彼らの日本の国についての知識の少なさです。地理的な情報の不正確さについてはやむを得ないとは思いますが、少なくとも日本の文化、伝統、芸術等にもう少し目を向けてもらいたいものです。一方、アメリカの情報は国の隅々まであふれています。その文化はむしろ人々の心の中にまで浸透しているように思われます。東ティモールで雇用していたお手伝いさんが、料理等で失敗するたびに「シット！（クソッ！）」とつぶやくのに目をむきました。彼女たちは英語はもちろん、国語となったポルトガル語さえ全く話せないのです。意味も分からず、テレビのまねをしているのは明らかです。町で出会った若者に「日本人は悪い奴だ！」とののしられたことがあります。「中国人、韓国人は良い人達だ」とそれに続きます。日本の情報活動の貧弱振りが如実に現れた結果ではないでしょうか。

日本の紹介映画も大使館の日本映画週間で観た記憶があります。しかし、大使館に赴く人は限られます。もっと巷でも上映できるようなテレビ、コンピューターで、日本の娯楽映画と共に文化や歴史紹介の映画を作成すべきです。それを携え、ＪＩＣＡ専門家や協力隊員、商社やジェネコン等民間会社の人達が現地で気軽に頻繁に上映できれば、日本の文化や最新の情報が海外に広まるのではないでしょうか。

Ⅷ　平和構築

1 外交官活動

世界の平和構築にあたってはエリートの外交官や政治家の活動に大きな期待が寄せられます。これまで述べてきた日本のソフト・パワーをブースターとし、凸型精神で外交に当たり、一国でも多くの日本理解国を増やしてもらうのが眼目です。その表舞台は各国に配置された大使館や国連本部であり、当面の目標は国連総会における日本の提案する国連憲章の改正案（次項で検討）に賛成票を投じてもらうことです。日本はこれまでにも近隣諸国の諜報活動、裏工作で手酷い目に幾度も遭ってきました。現在進行中の従軍慰安婦の件でも歴史事実が塗り替えられ、海外でもその偽情報があたかも真実のように飛び交っています。このような諜報活動や裏工作に対抗するには、そのような卑劣な手段を使わない日本としては正当なソフト・パワーの力に頼らざるをえません。特に政治家の海外訪問・協議は効果が大きく、今後とも積極的な活動が望まれます。和力と話力に加え、裏舞台とも言えるロビー活動も有効な手段となりうるのではないでしょうか。

2 国連改革

当面の最大の課題は安全保障理事会（以後、安保理）常任理事国五カ国（以後、5P）の拒否権を排除することです。安保理の構成に関する条文は以下です。

＊第二十三条［構成］1　安全保障理事会は、十五の国際連合加盟国で構成する。中華民国（現在は中華人民共和国）、フランス、ソヴィエト社会主義共和国連邦（現在はロシア連邦共和国）、グレート・ブリテンおよび北部アイルランド連合王国、およびアメリカ合衆国は、安全保障理事会の常任理事国となる。……

安保理の主要任務は、憲章第6章の紛争の平和的解決、憲章第7章の集団安全保障の遂行です。前者は紛争当事国に対する「勧告」（法的拘束力を有しない）という形で解決策が提示されますが、後者においては全加盟国を拘束する「決定」(decision) をとる決定権が与えられています（強制措置の決定等）。これらの勧告や決定には全て5Pの拒否権が認められています。表決に関する条文は以下です。

＊第二十七条［表決］1　安全保障理事会の各理事国は一個の投票権を有する、2　手続

きに関する安全保障理事会の決定は、九理事国の賛成投票によって行われる、３　その他の全て事項に関する安全保障理事会の決定は、**常任理事国の同意投票を含む九理事国**の賛成投票によって行われる。

第６章の紛争の平和的解決には、５Ｐが紛争当事国である時は表決を棄権せねばなりませんが、第７章の集団安全保障の遂行に関しては適用されません。第７章では自衛権を認めつつも、安保理はまず兵力に頼らないあらゆる措置を関係国に要請しますが、その対応が不充分であると認めたときは、国際の平和及び安全の維持又は回復に必要な空軍、海軍及び陸軍の行動をとることが出来る、としています。つまり、５Ｐに対しては事実上、強制措置はとりえないこととなります。当然、それら５Ｐの友好国・同盟国が不利になるような決定はできない憲章の条文となっています。

この不条理な憲章は１９４５年、第二次世界大戦の戦勝国５カ国が自国の都合のよい条文にしたものですが、この経緯に関してはここでは触れません。しかし、戦後73年も経過したわけですし、この条文が多くの世界の紛争解決の障害となっている事実を鑑みれば、改正は喫緊の課題です。日本はドイツ、ブラジル、インドと合同で常任理事国入りの改正案を１９９７年に提出しました（Ｇ４案）。この改正案は１９９８年当時のラザリ国連総会議長により安保理改革案として採択されようとしました。その内容は、１　新理事国のカテゴリー（常任・非常任の議席拡大)、2　拒否権、3　地域毎の代表性、4　拡大数と安保理の作業方法、5　安保理と総会の関係といった安保理改革の様々な要素、からなっていました。その他にもUFC案(コンセンサス・グループ)、AU案(G4との違いは拒否権の付与のみ)等が総会で討議されました。

しかし、特にG4案に対してイタリアが強烈な反対運動を起こしました。G7の一角であるイタリアが周辺国フランスやドイツのみが常任理事国になるのは容認できなかったのでしょう。イタリアは他の国にも反対を訴え、その結果G4案は三分の二の賛成を得ることが出来なかったのです。常任理事国にどの国が追加で入ろうとしても、各国の利害関係は複雑に絡み合い、その結果常任理事国の追加や、P5の変更は国連総会で永遠に承諾されないという結果に終わるでしょう。20年以上同じ状況が続いており、未だ改正の目処は立っていません。P5以外のほとんどの加盟国はこの拒否権の致命的な問題を把握し、改正に向けて多くの意見を出しているにもかかわらず、状況は全く変わっていません。沖縄の悲劇もまさにこの事実に根ざしています。P5の横暴さえ何とか抑えることができれば、世界の危機はかなり遠のくはずです。

この状況を変える可能性を日本が握っています。それは、逆説的ですが、当面日本が常任理事国入りを断念することです。P5はそのまま容認し、その上でP5の拒否権を狭める方策です。提案する条文は以下となります。それぞれ太字が変更内容です。

＊第二十七条［表決］１　安全保障理事会の各理事国は一個の投票権を有する、２　手続きに関する安全保障理事会の決定は、九理事国の賛成投票によって行われる、３　その他の全て事項に関する安全保障理事会の決定は**常任理事国の３カ国を含む10理事国**、の賛成投票によって行われる。……

＊第十八章、第百八条［改正］この憲章の改正は、総会の構成国の三分の二の多数決で採択され、且つ、安全保障理事会の**常任理事国の３カ国を含む**国際連合加盟国の三分の二によって各自の憲法上の手続きに従って批准されたときに、全ての国際連合加盟国に対して効力を生ずる。

＊第百九条［再審議］１（省略）２　全体会議の三分の二の多数決によって勧告されるこの憲章の変更は、安全保障理事会の**常任理事国の３カ国を含む**国際連合加盟国の三分の二によって各自の憲法上の手続きに従って批准されたときに効力を生ずる。

このような単純な提案はこれまでにも幾度も上げられたはずですが、常にＰ５が壁となって成立しなかったものと推察されます。ソフト・パワーを持った日本だからこそ実現性が高くなりますが、これらの改正によって風穴が開けられれば、今後の種々の憲章内容の改正にも弾みがつくでしょう。ここでも障害となるのはＰ５です。これまでの条文に従えば、改正案は通らないことになります。正にメビウスの罠に陥ることとなります。しかし、もし日本理解国が当改正案に賛成すれば、P5に加え、北朝鮮（中国への忖度で）、韓国、シリア（ロシアへの忖度で）以外の185カ国が賛成票を投じる可能性があります。国際会議は国益の戦場です。各国の代表者は国を背負っているとの自負があるため、決して妥協しようとはしません。そのような場では言葉の応酬がなされます。従って、重要なのは改正案提出動議（理由）の内容です。考えられる動議は以下です。

第二次世界大戦後、その戦勝国五カ国が安全保障理事会の常任理事国となって、国際の平和と治安維持の役割を担ってきたため、それ以後重大な世界大戦は抑えられてきました。この功績は大いに称えられるべきです。一方、戦後70年を超え、世界情勢は当時から大きく変化しました。未解決の地域紛争や重大な国際テロ事件も多く、その騒乱により多数の犠牲者が発生し続けています。核兵器の保有数も高止まりで、更に新たな国が核兵器実験、保有を進めています。兵器開発と増強も加速しており、軍縮は遅々として進んでいません。それらの危機に対応するため、迅速な安全保障理事会の決定と対応策を打ち出す必要性がこれまでになく増してきたと言えるでしょう。つまり、現況の安保理制度の運用上の障害を取り除き、機能不全に陥るのを未然に防がねばなりません。迅速な安保理の決定のため、新しい時代を迎えた現在、次のような提案を致します。（前頁の改正案につづく）

ダミーとして以下の代替案を示す誘惑もあるでしょうし、最悪のケースその提案も考えられるかも知れません。

代替案1：常任理事国を国連分担金割合と支払い実績から上位5カ国とする。拒否権の付与はなし。

代替案2：常任理事国を各地域代表とする。つまり、アジア3国、アフリカ3国、ラテン・アメリカ（中南米）2国、東欧2国、西欧その他（北米・大洋州を含む）5国、の15カ国。拒否権の付与はなし。

教訓－6　国際機関に勤務して

1993年から4年間、アジア太平洋総合農村開発センター（Centre on Integrated Rural Development for Asia and the Pacific: CIRDAP）に勤務しました。バングラデシュ国ダッカに本部を持つ地域国際機関です。そこでの経験です。

▽経験−1　国際会議は修羅の場

同センターは技術委員会や執行委員会と称して毎年各国代表が参加する会議を開きます。農業省や農村開発省の局長や次官級が参加するこれらの会議は、それぞれの国の利害が対立して時に紛糾することがあります。著者もこれらの会議で一度だけ議長を務めた経験がありますが、意見の対立を収拾するのは容易なことではありませんでした。各メンバー国は国連分担金割合と同率で同センターにも分担金を支払っているため、利害が対立すると口角泡を飛ばして自己主張します。その後、事務局を務める同センターは夜を徹して最終同意案の文書を練ります。次の日に再び会議の中で事態収拾して、それら委員会は終了しますが、正に神経が磨り減る経験でした。

▽経験−2　空虚な議論

センター内でも頻繁に農村開発に関して議論されます。ある日、バングラデシュ人研究者と議論した時のことです。著者は日本の貧困の経験とそこから抜け出た歴史の教訓を基に、貧困対策や農村開発を語っていました。著者にとっては現実空間の出来事から得た実体験を披露したつもりでした。しかし、彼にとってはそのような話は、彼らが信奉する西欧の貧困脱出の手法に沿わないため、決して納得しません。拠り所としているのはロバート・チェンバースやアマルティア・セン、といった著名人の言説です。彼にとってはそれら著名人のどの本の何処に、どのようなことが書いてある、と言う事実が最も重要なことでした。英語によるそれらの言説は仮想空間の論理です。バングラデシュの村落で本当に有効かどうかは全く関心の外です。英語による言葉の羅列のみが、彼らの専門性を証明するかのようでした。著者は最後に、「では、あなたはバングラデシュでその理論と手法で貧困を解決して下さい」と心で叫んで議論を終了したのでした。これではバングラデシュは永遠に貧困から脱出出来ないな、と哀しくなった経験です。

▽経験－3　アジアの村落で

前記を実証してみせるため、著者はインドの二村、ラオスの三村で小規模村落開発プロジェクトを実施しました。手法は、第二章で触れた広島県沼隈町での自治組織主体のプロジェクトに、プロジェクト・サイクル・マネジメント（ＰＣＭ）手法を組み合わせたアプローチです。特にインドで大成功し、後にアフリカ、ザンビア国の19カ村で同手法を適用した村落開発を行い、ここでも円滑に村落が自律と経済自立に向かうことが立証されました。これらをまとめて、参加型持続的村落開発手法（Participatory Approach to Sustainable Village Development: PASViD）として発表し、書籍として残しました。日本のコミュニティー開発モデルがアジアやアフリカでも効果があることが証明され、村人、農民レベルでは日本と同じく自立心がある、という教訓でした。

表-4　国連分担金の多い国（2018年）

（単位：％、米ドル）

順位	国名	分担率（％）	分担金額（米ドル）
1	アメリカ合衆国（米国）	22	5億9140万
2	日本	9.68	2億3530万
3	中華人民共和国（中国）	7.921	1億9250万
4	ドイツ	6.389	1億5530万
5	フランス	4.859	1億1810万
6	英国	4.463	1億850万
7	ブラジル	3.823	9290万
8	イタリア	3.748	9110万
9	ロシア	3.088	7510万
10	カナダ	2.921	7100万

（注）分担金は国民総所得（GNI）など各国の経済指標を基に3年に1度改定している。中国は16〜18年の分担金の負担率が7.921％だったが、今回の試算では12.005％に上昇した。日本は9.680％から8.564％に低下する。

出典：外務省「2016〜2018年　国連通常予算分担率・分担金」（2018年）

本提案及び代替案2案の三案を同時に提示し、どれかに決定するよう総会に諮れば、185カ国は分裂し、その結果どの案も否決されることが十分予想されます。従って、一点突破、本提案のみを総会に諮り、185カ国が真に確信して団結して当たれば、ブレークスルー、不可能であった改正が通る可能性が大きくなります。「これが今回改正されなければ永遠に世界に平和は訪れない」、との信仰を185カ国（日本を含めて）が共有し、信者のごとく貫き通せば必ず実現するでしょう。三案同時提示の戦略は藪蛇になります。

3 国連憲章の変更

P5の三カ国の賛成と構成国の三分の二の多数決で採択されるように憲章が改正されれば、その他の国連憲章改正はより円滑に進行するものと考えられます。その改正の焦点は、国連の強化です。後に敵国条項も削除か変更が期待できます（第53条2）。西部も「国際法が（制裁機構をも持つという意味での）法律となりうると考えたのは大いなる誤謬ではあった」と述べているくらい、現況国際法（国連憲章）は決定打に欠けています。憲章では武力行使の禁止が一般原則とされたので、その例外として許されるものは憲章に明示されたものに限られます。すなわち、自衛権の行使の場合（第51条）と第七章の下で取られる軍事的強制措置の場合であり、全ての国に適用されます。一般原則として紛争の強力的解決が禁止される以上、全ての紛争は当座は平和的手段をもって解決されなければならないこととなっています。平和的解決法には種々の方法が列挙されていますが、いずれの方法を採るかは当事国の合意によらねばならない、とされているため、例えば、北方領土問題を巡って日ロ間で未だ解決を見ていません。伝統的解決法としては：交渉、審査、仲介、調停、国際裁判に付する、等がありますが、交渉は当事者間の力関係（特に武力）に左右されるため、大国はこの方法（交渉）に拘泥しがちです。

しかし、国連憲章は、紛争が自主的な方法で解決できない場合は、安保理に付託することが出来る（第37条1）としていますが、出来るのはこれらの「適当な解決法を勧告する」程度でしかありません。それでも解決できない場合は、国際司法裁判所に付託されることとなります。これらの勧告にはP5の拒否権が障害物となっていますが、前項での提案、「常任理事国の三カ国の賛成……」が通っていれば、風通しは格段に良くなっていると期待できます。現状では国際司法裁判所が特定の紛争について裁判管轄権を行使するためには、当該紛争国の両当事国の同意（合意）が必要である、となっており、軍事力の強いP5は裁判を拒否することが可能です。一方の当事国からの要請のみで相手当事国に調査員を派遣し調査できるように、この条項を変える必要があります。

4 国連ＰＫＯ及び国連軍の機能強化

国連ＰＫＯは本来、紛争当事者（国）間の包括的和平協定を機に、紛争解決と平和の実現を支援する活動であって、総選挙の実施、治安の維持、社会基盤の整備、行政管理、人権の監視、難民の帰還など、多様な任務を包含しています。紛争が現実化し、安保理に調停を付託した場合、ＰＫＯがどのような役割を担い、どのような業務で目標を達成するか、それぞれのケースで千差万別です。しかし、何れのケースにおいても以下の三原則は厳しく守られねばなりません。

☑ＰＫＯ三原則

①同意原則：紛争当事者（国）の同意が必要。違法な行為に対する制裁措置ではないため、領域主権の原則及び憲章2条7項（国連の不干渉原則）から関係国（関係者）の同意が必要となるのである。

②公平原則：ＰＫＯが何れかの当事国（当事者）を違法扱いするものではないので、よって両者を対等に扱うことが求められるのである。不偏不党性と言われる。

③武器不使用原則：この原則が第47条の軍事的強制措置でないことに由来する。自衛のための武器の使用を制限するものではない。

ＰＫＯの関与に関し、①同意原則及び②不偏不党性とも微妙な問題を多々抱えており、しかも紛争時にあっては時間とともに情勢が刻一刻と変化するような流動性にも富んでいて、国連の困惑の基となっています。二国間の紛争であれば、二国の政府を相手にして同意を得ればよいのですが、一国内の内乱の場合、反乱側とは正式な交渉ルートがなく、同意取り付けは困難な作業となります。また、不偏不党性の確保も極めて難しい課題となります。これらの原則を重視するため、どのようなケースにおいても及び腰になるのはやむを得ないでしょう。紛争という定義のあいまいさも足枷になっています。ＰＫＯが派遣されてもミッション・クリープ（機能逸脱）か、逆のミッション・クリンジ（機能萎縮）が発生する要因は正にこの点にあります。これは永遠の国連課題と言えますがＰ５の拒否権が前述通りに改正されれば、突破口は開けるはずです。

一方、二国間・多国間の紛争に限れば比較的明確に問題の核心が浮き彫りにされるでしょう。ここでは短時間の国境侵犯について検討してみましょう。現状では、国境侵犯が「平和に対する脅威」か「平和の破壊」か「侵略行為」か、いずれかの前兆であるのかどうかの判断は被侵犯国のみで行い、自衛の範囲内で対処しています。それが自衛力の範囲内で対処できれば問題は安保理に付託する必要もなく解決できるでしょうが、多くの場合、侵犯国は武力の有利性を確信しているため、国境侵犯がどのようにエスカレートするか全く予断を許しません。それを承知で国境侵犯のような行為に及んでいる点は看過できません。イデオロギーの対立であった冷戦時の体制はすでに崩れて過去のものになっているため、現在の武力対峙の根拠は、「国境線の認識が対峙する国同士で異なる」か「領土拡張の野心」か、あるいは「対立国に対する疑心暗鬼」でしょう。短時間の国境侵犯にも安保理が即応し、早急な国連軍の派遣ができる体制とせねば武力劣勢国は常にその脅威に脅かされ続ける運命に甘んじねばなりません。そのため、現憲章下では強国である第三国（日本の場合はアメリカ）との間に安全保障条約等を結び、その武力の傘に入ることを余儀なくされています。そのような状況下で武力のバランスを保つため、また疑心暗鬼のため、武力は限りなくエスカレートし、強国は更に強く、弱小国はその陰で戦々恐々としていなければならないのです。既に冷戦時代は過去のものとなり、対話はどの国とも出来るはずなので、武力のエスカレートは何としても防がねばなりません。国連安保理の仲立ちと権限の強化、国連軍の増強が求められる所以です。

ボックスー3　国連PKO定義例（ブトロス・ガリの試み）：（上杉）

＊予防外交：当事者間に紛争が発生することを予防する行為、既存の紛争が悪化することを防ぐ行為、そして一度発生してしまった紛争の拡大を制限する行為

＊平和創造：敵対する当事者から、国連憲章第6章において定められた平和的な手段

を用いて、合意を引き出す営み

＊平和維持：停戦や兵力の引き離しなどの紛争を制御することに関する合意事項の履行や履行状況の監視、部分的あるいは包括的な紛争解決、人道援助の輸送の護衛などを目的とした現場における国連のプレゼンスのことを指し、通常は軍事要員と文民を伴い、紛争当事者の同意のもとに実施される

＊平和構築：紛争の直後に極めて重要な役割を果たすものであるが、紛争の再発防止を目的とした活動のうち、平和を堅固なものにし、かつての敵対勢力間の信頼を醸成し、両者の相互交流を促すような方策や枠組みを見つけ出したり作り出したりする支援

＊平和強制：平和的な方法が功を奏さなかったときに必要とされる措置であり、安全保障理事会が平和に対する脅威、平和の破壊または侵略行為が存在すると判断した状況での、武力行為を含む国際の平和と安全を維持・回復するためにとられる国連憲章第7章に基づく行動

ボックス－4　ＰＫＯ活動の現場で

∇カンボジア

和平に向けたパリ会議は１９９１年10月23日に再開され、カンボジア紛争４派（ソン・サン派、シハヌーク派、ポル・ポト派、ヘン・サムリン派）全てと主要な後援国全てが、紛争の終結に合意しました。引き続き国連カンボジア暫定統治機構（ＵＮＴＡＣ、１９９２年２月～１９９３年９月）が派遣されましたが、著者はその復興支援の開発案件発掘調査団に団長として、１９９２年４月に派遣され、まだ地雷が埋まっている畜産農場等を視察しました。「地雷の場所は分かるので、飛び越えていきましょう」と農場視察に誘われましたが、さすがにその農場への支援はしばらくお預けにしました。

∇東ティモール

国連東ティモール暫定行政機構（ＵＮＴＡＥＴ、１９９９年10月～２００２年５月）、引き続いて、国連東ティモール支援団（ＵＮＭＩＳＥＴ、２００２年５月～２００５年５月）が派遣され、当国の復興を支援しました。著者は、農業大臣アドバイザーとして半年間（２００３年１月～同年７月）、また灌漑プロジェクト・リーダーとして3年3カ月間（2006年12月～2010年3月）同国の復興開発を支援しました。その間、自衛隊と一プロジェクトで協力した経験があります。

安保理の決定は全加盟国を拘束しますが、その安保理が効果的な決定を下せず、機能麻痺に陥ったとしても、これは国連が主権国家の集合体で、超国家機関でも世界政府でもない現状からは致し方ない、という現状を新たな安保理の評決方法で覆さねばなりません。

改正後の一シナリオは次のようになるでしょう。

ある国に対し領空侵犯、領海侵犯、経済水域における違法漁業・違法調査、テロ行為（拉致を含む）等が頻繁に行われている場合、あるいは領空侵犯の恐れがある飛行物体に対するスクランブル等の回数が年100回を超えているような場合、侵犯された国は自衛の範囲内で対応していますが、その限度を超えているような場合は、その自衛軍は国連軍事部門に属することとし、事態発生と同時に国連による強制的解決法がとれるような事前の協定を取り決めておきます。事前の協定と、事態発生直後通報による二段階方式で、迅速に国連軍（自衛軍）の活動が開始されます。第43条では国連加盟国は国連軍に軍事力を提供する、となっているため、新たな条項は必要なく、事前の協定のみを安保理と加盟国間で協議、決定しておくこととなります。十分な自衛力を保持できない途上国等は同盟国（他の国連加盟国）から兵力の支援を受けて国連軍となり、世界のいかなる場所も国連軍のみで対応できる体制としていくのが望ましい状態です。協定が結ばれた時点で、自衛軍は国連軍と認定され国連軍マーク（ＵＮ）を兵器の横腹に示し、国連軍活動であることを示唆します。つまり、「錦の御旗」を獲得することとなります。

このような体制下で、更に領空侵犯等を行えば世界を敵に回すことと同義になり、それら行為は世界平和への反逆とみなされます。その結果、軍事増強のメリットは縮小し、次第に軍事力の削減に結び付いて行くことが理想です。まだ、夢のような話ですが、一歩ずつ近づいて行くよう世界の国々と足並みを揃えたいものです。

ところで、決議１５４０により、決議１３７３と共に安保理の立法への道が開けた、と言われています。しかし、安保理の立法を認めることは、正に国家の主権の根幹にかかわる問題として、多くの国では容易に受け入れられそうな雰囲気ではありません。また、安保理の権限強化と二国間の問題に首を突っ込んでくることに対する潜在的な嫌悪感を抱く国、特に途上国に多いと想像されます。この理由は現状では安保理がＰ５の独壇場であるためではないかと考えられます。これも、「常任理事国の三カ国の賛成……」、が通っていれば、安心して安保理決議に従うようになるのではないでしょうか。

5 軍縮

１９７８年の第1回国連軍縮特別総会以降、国連総会第一委員会は軍縮・国際安全保障問題を議論してきました。冷戦終結後も、大量破壊兵器等の開発・取得を企図する国やテロリストが存在しており、その防止のため安保理は種々の決議を行ってきており、第一委員会では毎年多くの軍縮関連決議が採択されています。そのような安保理の決議にもかかわらず、世界の軍事力は増強される一途です（表I-5参照）。表には現れませんが、東南アジア各国の軍事力も近年大きく伸びています。中国の脅威に対抗するため、との大義名分を各国とも保有しているようです。

このような軍拡競争の背景には、アメリカの軍産複合体に典型的に示されているように、軍事産業が各国の経済に及ぼす膨大な効果の存在があり、この事実を見過ごすわけにはいきません。しかし軍縮への拠り所とするのは、背景の経済効果への誘惑を非難することではなく、軍拡の大義名分の否定、とすべきです。大義名分は「対峙国の軍事増強の脅威」です。お互いが疑心暗鬼になっているとの装いが、その真の姿「経済効果への誘惑」を覆い隠しているのです。例えば、中国はアメリカの軍事力増強を自国の防衛力（軍事力）増強の大義名分としており、アメリカは中国の軍事力増強を自国の軍事力増強の大義名分としています。南沙諸島（スプラトリー諸島）海域、スカボロー礁がある中沙諸島や西沙諸島も含めた「南シナ海問題」では中

表-5　軍事力ランキング（トップテン）

軍事力ランキング	国名	軍人数	空軍戦力	戦闘機	戦車数	海軍戦力	空母	潜水艦	軍事予算
1位	アメリカ	208万人	13362	1962機	5884	415	20隻	66隻	6470億ドル
2位	ロシア	358万人	3914	818機	20300	352	1隻	62隻	470億ドル
3位	中国	269万人	3035	1125機	7716	714	1隻	73隻	1510億ドル
4位	インド	420万人	2185	590機	4426	295	1隻	16隻	470億ドル
5位	フランス	38.8万人	1262	299機	406	118	4隻	10隻	400億ドル
6位	英国	27.9万人	832	103機	227	76	2隻	10隻	500億ドル
7位	韓国	582万人	1560	406機	2654	166	1隻	16隻	400億ドル
8位	日本	31万人	1508	290機	679	133	4隻	17隻	440億ドル
9位	トルコ	71万人	1056	207機	2446	194	0隻	12隻	102億ドル
10位	ドイツ	20.8万人	714	94機	432	81	0隻	6隻	452億ドル

（注）グローバル・ファイアパワー（インターネット情報）より著者作成

国が暗礁を埋め立てて人工島を建設し、軍事施設建設が着々と進められています。また、軍事基地を海外に設置する動きも活発化しています。これがアメリカの軍事行動の大義名分となっています。米中ともに凸型の国で、譲歩の姿勢を示すことは期待できません。ロシアとアメリカの場合も全く同様です。見渡してみたら、これらの危機はＰ５中の三国、ロシア、中国、アメリカの問題と言いきれるのではないでしょうか。つまり、煎じ詰めれば、米（＋ＮＡＴＯ）VS.ロシア、中国VS.米に集約されます（図Ｉ−７参照）。この状態ではＰ５が牛耳る安保理に多くは期待できません。この点こそ、前項で提案した、「常任理事国の三カ国の賛成……」が通っていれば、枠組みは改正され、強化された国連軍が割って入り、軋轢が緩和される状態が現実味を帯びてきます（図Ｉ−８参照）。

前項で検討したように、挑発行為や脅威を受ける各国は戦力を国連下に移行させ、あるいは同盟国から兵力の支援を受け、それらが国連軍（あるいは常駐ＰＫＯ）として認定されていけば、挑発行為は世界を相手にすることにつながり、どの国も領空侵犯・領海侵犯の意欲が薄れ、控えるようになり、対峙する国同士の戦力増強合戦は終息していくことが期待できます。国連軍と比較優位性を争っても勝ち目がないのは火を見るより明らかであるため、いかなる国の戦力増強の必要性も縮減していくことでしょう。そのようにして国連は戦力（武器及びＰＫＯ要員）を体制下に置き、必要な機会に治安維持の発動をし、戦争や紛争を未然に防いだり、極小

（注）著者作成
米国、ロシア、中国

図-7　現況の米国対中国、ロシアの対立イメージ

（注）著者作成
米国、ロシア、中国、UN 国連

図-8　国連憲章改正後の国連仲裁イメージ（米国、中国、ロシア対立の緩和）

化することが可能になります。紛争を根絶させるのは不可能ですが、国連軍あるいは常駐PKOが各地に配属されれば、紛争の早期解決が図られ、泥沼化を阻止できるでしょう。

一方、安保理や各小委員会の不偏不党性の担保に関して不安が残ります。裏工作や諜報を得意とする国が多いからです。この事実こそが国連の不干渉原則（憲章2条7項）を生み出した最大の要因と考えられます。しかし、現状のままP5、特に三国の覇権主義に世界が踊らされ続けていけば、永遠に軍縮は実現出来ず、治安と平和は遠のく一方ではないかと考えられます。

この対策には安保理中に検察機能を持つ機関の創設と、違反が発覚した場合の罰則規定を新設し、厳しく取り締まる等が考えられます。ある強国が世界の警察を自認する現況を容認するか、あるいは国連を世界の警察として認めてその最善のあり方を協議、決定するか、この二者択一しか残された道はないと覚悟すべきです。

ボックス－5　国連憲章

I　国連憲章第42条

安全保障理事会は、第41条に定める措置では不十分であろうと認め、又は不十分なことが判明したと認められるときは、国際の平和及び安全の維持又は回復に必要な空軍、海軍又は陸軍の行動を取ることが出来る。この行動は国際連合加盟国の空軍、海軍又は陸軍による示威、封鎖その他の行動を含むことが出来る。

Ⅱ　国連憲章第43条

1　国際の平和及び安全の維持に貢献するため、全ての国際連合加盟国は、安全保障理事会の要請に基づきかつ1又は2以上の特別協定に従って、国際の平和及び安全の維持に必要な兵力、援助及び便益を安全保障理事会に利用させることを約束する。この便益には、通過の権利が含まれる。

2　前記の協定は、兵力の数および種類、その出動準備程度及び一般的配置並びに提供されるべき便益及び援助の性質を規定する。

3　前記の協定は、安全保障理事会の発議によって、なるべくすみやかに交渉する。この協定は、安全保障理事会と加盟国との間または安全保障理事会と加盟国群との間に締結され、且つ、署名国によって各自の憲法上の手続きに従って批准されなければならない。

⑥ 核廃絶に向けた道程の提示

核兵器問題は仮想空間では簡単に解決でき、核兵器の根絶が可能です。現在、Ｐ５は全世界の約97・５％の核兵器を保有しています（表－１参照）。従って、Ｐ５が毎年頭を寄せ合って、今保有する一割の核兵器の削減を約束し実行していけば、10年後にはゼロとなります。その他の保有国は５年後までにゼロとします。しかし、残念ながら、これは全くの画餅です。核兵器禁止条約はそのような仮想空間での解決のような夢を見て提案されました。Ｐ５がそのような条約に賛成するわけがないのです。賛成しない、という悲しい現実を指摘するに止め、ここではその理由等は論議しません。現実的なアプローチは日本政府が取り組んでいる核兵器廃絶決議案（ボックス－６）を根気よく提出し続け、ＮＰＴ、ＣＴＢＴ等の継続的な努力の成果を待つ他ないのです。しかし、ここでも、安保理の表決方法で「Ｐ５の三カ国を含む構成国の三分の二の賛成」で採決されるようになれば、前記の仮想空間における核兵器問題の解決法は現実空間での解決に向かい大きく舵を切ることが期待できます。

核の実験、保有、拡大等に関しても安保理内に創設された検察機能を持つ機関が不断の監視と査察を強制的に行い、違反する国には毅然とした制裁を与えるような制度にするのが望まれます。ソフト・パワーをレベルアップした日本がＰ５を除く他の加盟国を説得し、この制度を実現させ核廃絶への道も開くことが期待されます。

ボックス―6　日本が毎年提出している核兵器廃絶決議案

唯一の被爆国として日本は毎年、ＮＰＴ及びＣＴＢＴの推進を中心とした核兵器廃絶決議案を提出しています。平成28年度は、米国を含む１０９カ国の共同提案国を代表して日本が提出した核兵器廃絶決議案（核兵器の全面的廃絶に向けた共同行動）は、賛成１６７、反対４、棄権16の圧倒的賛成多数で採択されました。反対したのは、中国、北朝鮮、ロシア、シリアです。平成29年度に提出された同案では、１４４の国が賛成したに止まりました。核兵器禁止条約の余波がここにも及んでいます。また、平成30年度は、１６０カ国に増加しましたが、棄権はアメリカを含み24カ国でした。反対は前年と同じ、中国、北朝鮮、ロシア、シリアの４カ国です。

7 自衛隊の役割変更

また、拉致問題も、新しい国連安保理下となった自衛隊が国連軍となって解決できるよう、自衛隊員が国連文民官の役割を付与され、武力を携帯しない調査員となって北朝鮮の調査を行えるような制度としなければなりません。その調査結果に基づき、国連は強制力をもって迅速な解決を図ることとなります。この問題に対処するため、一時の猶予も有りません。国連評決方法の改正、国連憲章の改正等に速やかに取り組むことが望まれます。

この他、自衛隊の一部は国連軍に編入されます。配属先は国境が脅かされていた地域の、これまでは米軍が使用していた基地となります。これまでにも頻繁に自衛隊機はスクランブルを行ってきました（ボックス－7）。これからは国連軍となった自衛隊に、スクランブルを始め前線の守りを委ねます。特にスクランブルを行っている戦闘機は国連に配属となり、横腹に国連マーク（ＵＮ）を明示します。

ボックス－7　スクランブル

領空侵犯をしてから飛び立つと間に合わないので、領空の周囲に防空識別圏を設定して、実際に領空のラインを割るまでの余裕を持って発進するようにしています。「スクランブルを行った回数＝すなわち領空侵犯の回数」とはならないのです。

自機、僚機が攻撃された場合、国土や船舶が攻撃された場合は、自衛戦闘を行います。ただし、自衛隊法第84条には「着陸させる」か「領空外へ退去させる」の二つしかなく、軍用機による侵犯行為であっても、それに対する攻撃について明確に記述はありません。２０１７（平成29）年５月18日、沖縄県尖閣諸島において中国の無人航空機によって領空侵犯されています。２０１７年度の緊急発進回数は９０４回。中国機に対する緊急発進回数が５００回で、前年度と比較すると３５１回減少しているものの、２０１７年度は、特異な飛行が２０１６年度より17件多い43件発生しています。このうち沖縄本島と宮古島間を通過した飛行の公表件数は36件で、２０１３年度以降最多となっています。

8 日米安保条約の改正（２０２０年）

集団的自衛権の行使とは、米国に従属することではなく、対等となることです。それにより、日米同盟を強固なものとし、結果として抑止力が強化され、自衛隊も米軍も一発の弾も撃つ必要はなくなります。これが日本の安全保障の根幹を為すことは、言うまでもありません（『新しい国へ　美しい国へ　完全版』安倍晋三、文藝春秋、２０１３）。日本は地勢的には大変恵まれた国である、と第二章で指摘しました。一方、地政学的には不幸な面が際立ちます。周辺に超凸型の国が４カ国も存在し、隙あらば攻勢に立とうとの姿勢を崩していません。そのため、それらの国が矛を収めるまで日米安保条約は堅持せねばなりません。

一方、国境地帯では領空が侵犯されたり、その恐れのためスクランブル発進を自衛隊が頻繁に実施しています。この自衛隊が前項で述べたように国連軍に認定されれば、現在米軍の重荷になっている沖縄基地を国連軍（自衛隊）に肩代わりさせることができます。アメリカの青年たちを最前線に配置するのは、アメリカ国民も喜ばないはずなので、米軍は日本本土、特に本州に滞在し、安全な後方から睨みを利かせてもらうのです。一朝事あるときは、その段階で必要な軍事支援を受けるような体制が整えられるのが、日米双方にとって最も望ましい形でしょう。

スプラトリー諸島等南シナ海の問題についても、国連軍が必要な国に常駐し、臨戦態勢をとるようになれば、米軍の沖縄駐留の大義名分は縮減するでしょう。日米安保条約は２０２０年に更新日を迎えます。国連軍が必要な場所に配属されることを前提に、条約第五条内容を次のように改正する案が考えられます（太字が追加）。

第五条

各締約国は、日本国の施政の下にある領域における、いずれか一方に対する武力攻撃が、自国の平和及び安全を危うくするものであることを認め、自国の憲法上の規定及び手続に従って共通の危険に対処するように**（国連軍と配属基地を調整しつつ）**行動することを宣言する。

前記の武力攻撃及びその結果として執ったすべての措置は、国際連合憲章第五十一条の規定に従って直ちに国際連合安全保障理事会に報告しなければならない。その措置は、安全保障理事会が国際の平和及び安全を回復し及び維持するために必要な措置を執ったときは、終止しなければならない。

安倍首相も次のように述べています。

＊こうして日本が抱える課題を列挙してみると、拉致問題ならず、領土問題、日米関係、あるいはＴＰＰのような経済問題でさえ、その根っこは一つのように思えます。すなわち日本国民の生命と財産及び日本の領土は、日本国政府が自らの手で守るという明確な意識のないまま、問題を先送りにし、経済的豊かさを享受してきたつけではないでしょうか。まさに「戦後レジームからの脱却」が日本にとって最大のテーマであることは……何も変わっていないのです。

戦後レジームからの脱却は、沖縄にとってこそ悲願の目標です。米軍基地が国連軍（自衛隊）基地に変更されるのは第一歩です。周辺国に限らず、世界各地の紛争地で国連軍が治安維持を担うような世になれば、中国の脅威も減じられ、その時は基地の縮小に結び付き、沖縄に初めて真の平和の訪れが期待できるのではないでしょうか。国連憲章の改正と、日米安保条約の内容変更で、真に「戦後レジームからの脱却」を沖縄共々日米で寿ぐことができるよう祈ろうではありませんか。

平和

野生カバの昼寝、タンガニーカ湖、ブジュンブラ。

（注）著者撮影

第四章　梗　概

Ⅰ　地球の危機（第一章の要約）

地球は今、環境劣化、資本主義経済の桎梏、平和の崩壊、この三大脅威に曝されています（図Ⅰ―1参照）。平和だと思っている日本も国境を接した国々との間に未解決の深刻な課題を抱えています。拉致問題、尖閣諸島・北方領土や竹島問題、密漁や排他的水域における一方的資源開発等々、解決の兆しも見えません。沖縄の犠牲は今も続き、完全な平和はいつ実現できるのか、そのシナリオを描くことさえ困難です。

環境劣化は特にアフリカで深刻で、はげ山となった傾斜地では侵食が激しく、自然環境が悪化しているだけでなく、食糧生産の畑も脅威にさらされています。地球温暖化を阻止するためのパリ協定が結ばれましたが、効果を発揮できるか否か、予断を許しません。

グローバル化した経済は途上国にも押し寄せており、資本の論理は便益より競争の激化をもたらし、二極化は拡大の一途です。都会のスラムに居住した貧困一家、特に若者のたどる道の一つは犯罪や覇道の宗教、テロに走ることです。

冷戦が終了して世界平和が実現するかと期待が高まりましたが、その後の推移は期待を裏切り、核の脅威は世界の終末をさえ危惧させます。地域紛争は後を絶たず、一般人を恐怖に陥れるテロも散発的に世界各地で発生しています。

地球の持続性に関し、物理学者エンリコ・フェルミは興味ある仮説を述べています。つまり、地球外文明の存在の可能性の高さと、そのような文明との接触が皆無である事実の間の矛盾に光を当てました。宇宙人（エイリアン）はいる、と考えられるのに、一体彼等はどこにいるのか、として多くの仮説を提示しています。生物の誕生、その生物が知性を獲得し遂に文明を発達させた現代人の出現、という奇跡の出来事を物語る多くの推論を提示する一方、知的生命体は文明が発達すれば自ら滅亡する、との仮説も打ち出しています。文

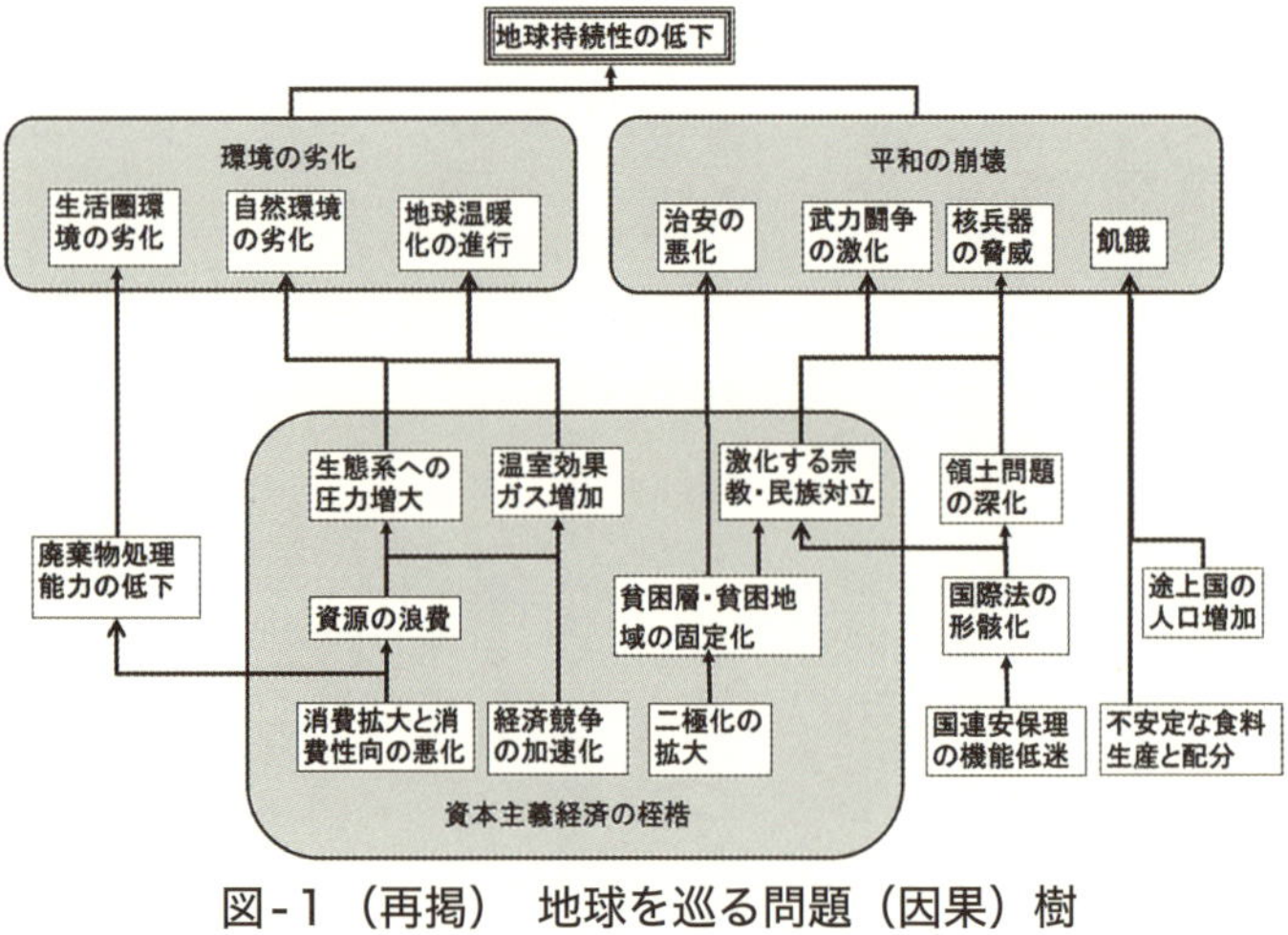

図-1（再掲） 地球を巡る問題（因果）樹

明の発達が核兵器のような最終兵器を生み出し、何らかの契機によりその暴発で生命体は自ら滅びるとの予測です。世界戦争から遠ざかっている現在、それ以上の脅威である核兵器が世界に蔓延しています。フェルミの仮説が信憑性を増してきているとも言えます。

知性を天から賦与された現代人が、何故、自らの首を絞めるような核兵器を次々と製造し続けているのか、地球環境の悪化に歯止めを掛けられないのか、貧困層を置き去りにした開発をし続けるのか。これらの原因の一つは資本主義の桎梏であり、世界の平和と治安に責任を持つ国際連合の機能低迷等です。これらの問題はお互い複雑に絡み合い、民主主義、個人主義、自由主義等の思想が信仰宗教のように、それらの問題群を扇動しているような印象さえも窺えます。

Ⅱ　日本の特質（第二章の要約）

奇跡の中から誕生したヒト。それは自然の摂理であり、「カミサマ」の計らいと考えることもできます。自然の摂理で誕生した地球環境が悪化しているのは、同じ自然の摂理から生まれたヒト自身が招いたものであり、それを改善させるのはヒトの義務です。それを何故、日本人が率先して取り組まねばならないのでしょうか。それは、日本誕生以来、海外から受けてきた恩恵に報いるため。つまり、恩返しです。次に、人類の共存共栄の観点からも正当化されます。

そして、日本は人口と食糧生産が均衡していた長い歴史と経験を持っています。つまり、地球の環境収容力（キャリング・キャパシティー）の中で生存していくノウ・ハウを持っています。最後に、日本が持つ資質と能力は世界の争いを減じ、地球環境を救うための切り札となります。

日本は長い文明の歴史を誇ります。その長い歴史の中で、日本は海外から多くの知識や文明から示唆を受け、換骨堕胎して日本独自の文明を完成させてきました。中でも日本語の確立は僥倖であったと言えます。島国という地勢的な有利さが背景にあります。中国から朝鮮を伝って漢字がもたらされましたが、遂に中国語に置き換わらず、漢字を自家薬籠中のものにし、ひらがな、片仮名を創り上げ、漢字仮名交じりの日本語を創り上げました。縄文時代から「和」を尊ぶ心性を発達させてきましたが、この心性は日本語の発達とともに磨きあげられてきたのでしょう。日本語が「和」の精神を高め、「和」の心が日本語の発展を促してきたのです。その背景には山紫水明の自然があり、その自然の中から信仰とも言える「カミサマ」を信じる心が日本人の心の中に岩盤のように創り上げられ、凹型の心性を発達させてきたのです。超凸型の国々が取り巻く中、唯一先進国で凹型の日本は他者を慈しみ、受容・容認・控えめ、妥協的、協調的で、今後世界が争いを収束するための大きな武器の一つとなりえます。これらは豊かな自然環境の中で独得の価値観、宗教感となって、日本人の意識の深層に沈澱しており、普段は意識に現れず、自分達を無宗教と思い込んでいるほどです。

一方、多様な伝統芸術の発達は、凹型文化が花開いた結果であり、何れも奥が深く現代でも営々と受け継がれ発展しています。それら伝統芸術は世界に誇れる日本人の心の故郷です。伝統芸術、あるいは伝統芸能は人々に潤いをもたらし、和ませ、幸福感を醸成します。歴史が生んだこれらの伝統芸術は、世界の人々に触れてもらうことで平和への礎を築いていくものと信じられます。

特に町の美化、ゴミ収集等で地域の自治体が中心となった共同活動が際立っています。環境保全の伝統は江戸時代に完成の域に達し、世界でも有数の清潔な国土を実現しています。また、技術を伝達しようとの徒弟制度や、神道の神社で行われている種々の行事は技術継承をその目的に含んでいます。

Ⅲ　日本が地球を救う行程（第三章の要約）

資本主義経済に関し、その欠陥を指摘し限界を予言する数多くの出版物がありますが、代替案となるべき経済システムを提言した著作は、著者の浅学の悲しさ、目に留まっていません。里山資本主義（藻谷）が自然との共生の中に豊かさを見出す一つの案を提示していますが、個人の生活スタイルの代替案の域に止まります。日本の中でも限られた地域と人たちのみで享受できるシステムで、アラブ文明圏や西欧諸国にとってはユートピアの世界でしかないでしょう。唯一、哲学者のジャン＝ピエール・デュピュイの『経済の未来』、あるいは『定常型社会』（広井）が、現状では最も説得力があるように窺えます。

著者は経済や景気に関しては門外漢です。従って、「資本主義の桎梏」に対しては、対症療法の戦略しか提示していません。貧困・飢餓への対処、浪費の抑制、食糧生産の技術協力、自然災害発生時の緊急援助隊の拡充等で、当面の経済システムの弱点を補うとの戦略です。

一方、日本の特質で際立つのは日本語の深奥幽玄です。長い歴史の中で海外から多くの文化や言語を取り入れ換骨堕胎して漢字仮名交じりの日本語を完成させました。この日本語教育を更に充実させ、英語は日本語をかなり身に付けた後、中学校からの学習を薦めています。

日本の開発援助事業は１９９０年代世界で一番の額を誇りました。その額が削られ、現在では世界で五番目にまで落ち込んでいます。その額を倍

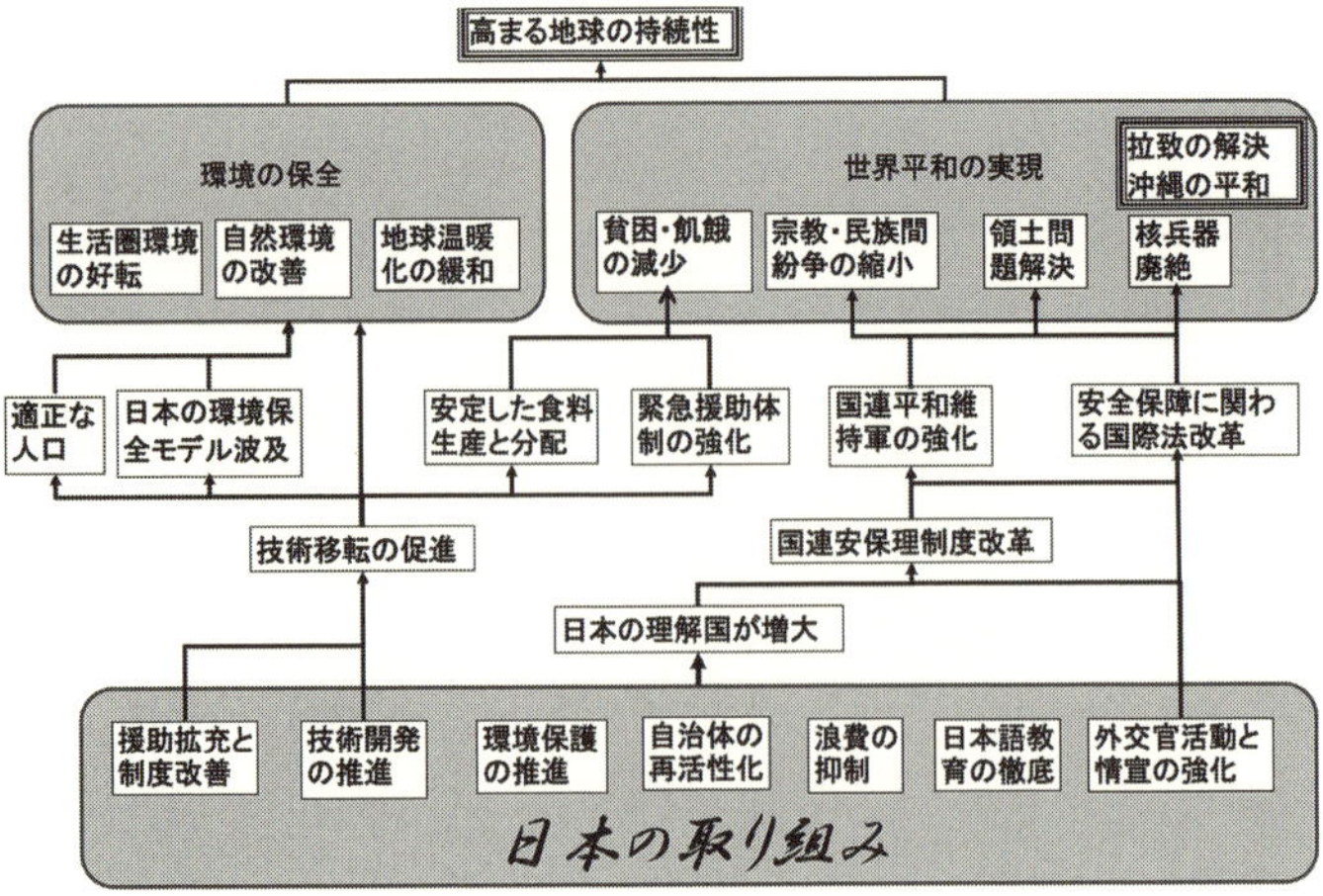

図-5（再掲）　日本の取り組みと目的樹

増し、援助の制度を改革し、援助の質・量とも拡充するのは被援助国が発展するのみならず、日本の評価を上げるのに一役買います。

また、環境保全に果たす地域自治組織の強化も促し、日本が世界のモデルになるような戦略を提案しました。日本は優れた伝統芸術・文化の宝庫ですので、これらを海外に紹介する映像手段を数多く製作し、海外に赴任する民間の技術者、協力事業に携わる専門家や協力隊員たちが、海外で日常的にそれらを上映し、日本の良さをアピールすることを提案しました。これらの働きにより日本への理解が深まり、日本の同調国を増加させるのが目的です（再掲図Ⅰ－５参照）。

このような背景で、外交官や政治家が凸型の鬼となって、国際舞台で日本の提案に他国が一票を投じてもらうのが戦略です。国際会議は魑魅魍魎の世界で、国益むき出しの代表たちが自国最優先の意思表示をしてきます。エリートたる外交官や政治家には、そのような戦場で彼らに負けないくらいの鬼となってもらわねばなりません。銃後の国民は普段の生活を守り、鬼となった彼らに各種の金棒（ソフト・パワー）を提供するのです。これらの当面の最大の目標は、国連安全保障理事会の五大国（Ｐ５）が常任理事国となっていますが、その拒否権を狭めることです。現在、安保理の決定にはＰ５全ての賛成が不可欠になっており、紛争解決への安保理決議が滞り、機能不全を起こすケースが目立ちます。日本もその常任理事国に加わろうとしましたが、その提案は流産しかけています。そこで、日本が常任理事国になるのを断念し、その見返りとしてＰ５の三カ国の賛成及び構成国の三分の二で採決されるような改正案を、総会に提出します。鬼が金棒を振るえば、ブレークスルーが起こり、この不可能な課題を木っ端微塵にすることも夢ではありません。まず総会において、国連憲章の改正をせねばなりませんが、現状では以下のようになっています。

第十八章、第百八条［改正］この憲章の改正は、総会の構成国の三分の二の多数決で採択され、且つ、安全保障理事会の**すべての常任理事国を含む**国際連合加盟国の三分の二によって各自の憲法上の手続きに従って批准されたときに、全ての国際連合加盟国に対して効力を生ずる。

これを、次のように改正する提案です（太字が改正部分）。

第十八章、第百八条［改正］この憲章の改正は、総会の構成国の三分の二の多数決で採択され、且つ、安全保障理事会の**常任理事国の３カ国を含む**国際連合加盟国の三分の二によって各自の憲法上の手続きに従って批准されたときに、全ての国際連合加盟国に対して効力を生ずる。

これはＰ５によって反対されるのは明らかですので、永遠に回り続けるメビウスの輪のように評決されないでしょう。しかし、この提案が通らなければ未来永劫世界に平和は訪れない、との信仰心をＰ５以外の国々と共有すれば、必ず大願は成就するはずです。

重要なのは改正案提出動議（理由）の内容で次のような案が考えられます。

第二次世界大戦後、その戦勝国五カ国が安全保障理事会の常任理事国となって、国際の平和と治安維持の役割を担ってきたため、それ以後重大な世界大戦は抑えられてきました。この功績は大いに称えられるべきです。一方、戦後70年を超え、世界情勢は当時から大きく変化しました。未解決の地域紛争や重大な国際テロ事件も多く、その騒乱により多数の犠牲者が発生し続けています。核兵器の保有数も高止まりで、更に新たな国が核兵器実験、保有を進めています。兵器開発と増強も加速しており、軍縮は遅々として進んでいません。それらの危機に対応するため、迅速な安全保障理事会の決定と対応策を打ち出す必要性がこれまでになく増してきたと言えるでしょう。つまり、現況の安保理制度の運用上の障害を取り除き、機能不全に陥るのを未然に防がねばなりません。迅速な安保理の決定のため、新しい時代を迎えた現在、次のような提案を致します。（前頁の改正案につづく）

それが成功すれば、現況、床の間の掛け軸になっている国連憲章の改正に向け、多くの提案を行っていきます。まず、安保理の表決法も前記に即し、**「すべての常任理事国」**を**「常任理事国の3カ国」**に改正します。次いで、国連軍事部門、あるいはＰＫＯ部隊の制度改革と強化により、世界の紛争に国連が大きく肩入れする制度に改善します。このような取り組みで、紛争は完全に解決できずとも、未然に防ぎ、戦闘やテロは縮小することが期待できます。核兵器の廃絶に向けた日本政府の提案も、より多くの国が一票を投じることが予想されます。

日本が抱える問題の一つ、最前線基地の沖縄には、米軍に変わり国連部隊に登録された自衛隊が駐屯することになるでしょう。拉致問題も、新しい国連安保理下となった自衛隊が国連軍となって解決できるよう、自衛隊員が国連文民官の役割を付与され、武力を携帯しない調査員となって北朝鮮の調査を行えるような制度としなければなりません。当然、その結果いかんによる解決には国連軍の強制的措置が取られることとなります。これらの取り組みで世界平和に近付くことが期待され、環境保全の技術開発・移転等と相まって、地球環境の持続性が高まるものと期待が膨らみます。

あとがき

浅学非才の身と知りつつ、途方もない課題に無謀な挑戦をしてしまいました。人間の脳は他者を鏡とした時に、初めて自分のことを認識できる、自身を外から見る「メタ認知」ができると言われます（『東洋脳×西洋脳』茂木健一郎＋加藤徹、中央公論新社、２０１１）。これは国を見る目にもあてはまります。ケニア国から帰国したその日に定年退職を迎え、その後農業を営みながら日本を見てきました。30年近くを途上国で過ごし、日本の良さを身にしみて再確認して帰国したのですが、日本には自虐史観やネガティブな批評が巷間に囁かれており、それらの声だけを聞いていれば如何に日本が酷い国かと思わせられます。確かに批評だけを窺う限りでは否定しきれない指摘ばかりです。悪い面だけに焦点を当てて評価しているからです。それは日本人の性なのかも知れませんが。

それにしても日本に帰国して悲惨に思われたのは、まだ幼い子供たちが、我慢できないほどのいじめに遭ったのかも知れませんが、それが直接原因で自ら命を絶っている現状でした。こんなに素晴らしく平和な日本にあって、また、これから地球を良くしていける、自分達も良くなっていけるような状態の中で、そのような将来の夢を生きていく縁にできず、自分の命を絶つとは何という悲しいことでしょう。大人世界がそのような子供たちに希望を与えることができず、自分たち日本国民は悪い悪いと言い続けていれば、子供たちは敏感に察知するのは必定です。戦争という極限状態の中で日本軍が、ある現地の人たちに残虐な行為を働いた事実もいくつかあるでしょう。しかし、世界全体を占領しようとの西欧諸国が最後のフロンティアとした日本に、陰謀を持って東西と北方から押し寄せてくる荒波に抵抗した日本はそれら西欧諸国より道徳的に劣る謂れはなく、まして国際法（当時はパリ平和協定）に照らしてみても、平民をターゲットにした日本各地への空襲や二度の原爆の方が違反の度合いはケタはずれです。しかし、今さらそのようなことを蒸し返さず、戦争は教訓として歴史に残すようにし、前向きな姿勢が求められます。ましてや日本が悪かったと言うような自虐史観なぞ今すぐ永遠に捨て去るべきです。この自虐史観が子供たちの自殺の間接的な原因であることを大人たちは理解すべきです。つまり、子供たちから夢を奪い、命を奪っているのです。将来に夢を抱けない子供たちは、些細な仲間内の諍いで、自分の抱く世界の限界に突き当たってしまうのです。

日本の短所ではなく長所に目を向けて見ると、地球の危機に対応できる特質がふんだんに見出されます。正に宝の持ち腐れです。子供たちが渡ろうとする横断歩道前で停車した際、渡りきった子供たちがこちらに頭を下げる時、海外でそのような光景に遭遇したことも聞いたこともない著者は、胸が震えるような感動を覚え目頭が熱くなります。日本はまだまだ道徳的で礼儀正しく、世界の模範になりえます。その日本の特質を認識せず、自分で自分の首を絞めるのみならず、子供たちにもそのような反省を強いるのは、正に地球の輝かしい未来を蝕む行為以外の何者でもないと断言できるでしょう。そのような自虐感覚が貶めようとしている日本人の特質を見つめ直し、再評価することで、日本は世界のモデルになりえます。２０２０年開催のオリンピック、あるいは２０２５年開催される大阪万博のような機会に海外から多くの人々に来てもらい、そのモデルをじっくり観察してもらいましょう。秩序と礼儀で溢れた日本の町々、人々、自然と一体となったその互助精神と伝統芸術、それらの凹型文化は彼らにとって全く新しい世界との遭遇になり、きっと大きな感銘を与えることでしょう。

まずは、日本人が自分達の長所に心から感動することが第一番です。本文でその特質について例示しましたが、まだまだ日本の良さ、日本人の素晴らしさは数え上げればきりがないと思われます。このハードルさえ越えられれば、後は地球の持続性を高めるのに棘の道はありません。エリートたる外交官と政治家は必ず鬼となって、国連総会等で日本の存在感を遺憾なく発揮し、日本の提案、五大国の拒否権を粉砕してくれるはずです。その大きな一歩を踏み越えれば、安保理の機能回復と国連軍の強化が実現するのは時間の問題でしょう。そのようにして必ず、地球の危機は乗り越えられると確信します。

日本が世界のモデルになりうる、それは日本人一人ひとりが普段の生活を続けるだけで達成できるのです。このことが地球を救うヒントになる、という事実を子供たちに教え、その中に自分も入っていきつつあるという希望を彼らに伝えれば、決して若い命を自ら絶とうとはしなくなるのではないでしょうか。子供たちは宝です。日本の素晴らしさと特質に震えるような感動を与え、素晴らしい日本の将来を教え、彼らに夢を持たせましょう。

本書の執筆に当たり、ＪＩＣＡの多くの職員、専門家の方々からヒントを与えられました。直接の契機はＪＩＣＡから派遣され滞在した開発途上国の経験ですが、ＪＩＣＡの支援なくしては本書は日の目を見ることがなかったでしょう。ケニア国滞在中に同僚であった古市信吾氏には技術的な助言を数々受けており、本書の端々には同氏との共同作業の成果がちりばめられています。ドイツ国ドレスデン大学で長年日本語を教えてきた著者の姉、二木緋紗子（Ms. Hisako Niki Dahren）からは日本語に関する示唆を受けました。山形県庁の元農林水産部次長の田中順一氏、及び元山形県農業試験場長の大場伸一氏、両氏からは技術的なサポートを受けました。長期間の海外滞在が可能であったのも、妻、清子の理解と支えがあったためです。また、協力隊同期会（ラビンイサの会）の同僚13名（２名は物故者）からは力強い精神的支援を受けました。各位には心より感謝の意を表します。

また、本書の出版に多大なご尽力を賜りました、東京図書出版の皆様に心から感謝を捧げたいと思います。

令和元年を前に

二木農園にて

付　記

1　著者学歴・職歴等

1966年3月　山口県立萩高等学校卒業
1966年4月　宇都宮大学農学部農学科入学
1970年1月〜1972年3月　宇都宮大学を休学し青年海外協力隊（フィリピン）参加
1973年3月　宇都宮大学農学部農学科卒業
1973年4月〜1975年3月　宇都宮大学農学部大学院修士課程
1975年4月〜同年9月　農水省農業技術研修館勤務（研修助手）
1975年10月〜1978年1月　㈱東洋社勤務
1978年4月〜同年8月　宇都宮大学農学部研究生
1978年10月〜1980年10月　国際協力機構（ＪＩＣＡ）派遣専門家（稲作、スーダン）
1981年1月〜1986年1月　ＪＩＣＡ派遣専門家（稲作、ボリビア）
1986年8月〜1990年3月　ＪＩＣＡ派遣専門家（稲作、エジプト）
1990年8月〈国際協力機構国際協力専門員に就任〉

１９９３年11月〜１９９７年11月　アジア太平洋総合農村開発センター顧問
（バングラデシュ拠点）
１９９５年３月　論文にて農学博士号取得（パシフィック・ウェスタン大学）
１９９８年10月〜２００１年10月　ＪＩＣＡ派遣専門家（農業農村開発顧問、ザンビア）
２００３年１月〜２００３年７月　ＪＩＣＡ派遣専門家（農業大臣顧問、東ティモール）
２００４年９月〜２００６年９月　ＪＩＣＡ東南部アフリカ広域企画調査員（ケニア拠点）
２００６年12月〜２０１０年３月　派遣専門家（プロジェクト・リーダー、東ティモール）
２０１０年５月〜２０１３年３月　派遣専門家（稲作振興アドバイザー、ケニア）
２０１３年３月〈国際協力機構国際協力専門員定年退職〉
退職後、個人で農業開始

著書

二木光、古市信吾、２００６「東南部アフリカの村落開発」ＪＩＣＡ
二木光、２００８『アフリカ「貧困と飢餓」克服のシナリオ』農山漁村文化協会
Niki, H. 1997. “CIRDAP Approach to Rural Development”, JICA
Niki, H. 2000. “Participatory Approach to Sustainable Village Development”, JICA

Niki, H., Furuichi,S., 2006. "Participatory Approach to Sustainable Village Development Sub-Sahara Africa Version", JICA
Niki, H., Furuichi,S., Irea S., 2006. "Sustainable Agriculture Technologies (SAT) for Sub-Saharan Africa", JICA

2　ＭＤＧｓ

ミレニアム開発目標（ＭＤＧｓ）

目標１：極度の貧困と飢餓の撲滅
目標２：普遍的な初等教育の達成
目標３：ジェンダーの平等の推進と女性の地位向上
目標４：幼児死亡率の引き下げ
目標５：妊産婦の健康状態の改善
目標６：ＨＩＶ／エイズ、マラリア、その他の疾病のまん延防止
目標７：環境の持続可能性の確保
目標８：開発のためのグローバル・パートナーシップの構築

国連ミレニアム開発目標報告2015　概観（抜粋）

新世紀の始まりに世界の指導者たちは国連に参集し、貧困との闘いを多次元的に行うための壮大な展望を描いた。この展望は8項目でなるミレニアム開発目標（ＭＤＧｓ）という形を与えられ、これまでの15年間、世界を包括する開発の枠組みとして機能してきた。ＭＤＧｓの最終年を迎え、世界の人々がこれを祝うだけの理由がある。世界、地域、国、地元の一致した取組が実を結び、ＭＤＧｓは何百万もの人々の命を救い、それをはるかに上回る人々の生活状況を改善してきた。本報告書で提示されるデータと分析は、目標を定めた施策、堅実な戦略、十分なリソース、そして政治的意志があれば、最貧国でさえかつてないほど劇的な進展が果たせることを示している。また、報告書は目標の達成は一様ではなく、多くの地域で目標に達していないことも認めている。取組はまだ完了しておらず、新しい開発の時代に引き継がれなければならない。かつてない取組が計り知れない成果をもたらした。

目標１：極度の貧困と飢餓の撲滅
□極度の貧困は過去20年にわたり大幅に減少した。１９９０年には開発途上国の人口の半数近くが１日１・２５ドル未満で生活していたが、２０１５年にはその割合が14％まで低下した。

□世界全体では、極度の貧困の中で暮らす人の数は１９９０年の19億人から２０１５年には８億３６００万人と半数以下に減少した。進展の多くは２０００年以降に見られた。

□労働者の中で中流階級に属する——１日４ドル以上で生活する人々の数は１９９１年から２０１５年の間にほぼ３倍になった。この層は現在開発途上地域の労働人口の半数を占めるが、１９９１年にはわずか18％だった。

□開発途上地域における栄養不良の人々の割合は１９９０年からほぼ半減し、１９９０年から１９９２年にかけて23・３％だったが、２０１４年から２０１６年にかけては12・９％になる見通しである。

目標２：初等教育普遍化の達成

□開発途上地域における初等教育純就学率は２０００年の83％から２０１５年には91％まで達している。

□世界全体では、初等教育就学年齢の非就学児童数は２０００年の１億人から２０１５年には５７００万人とほぼ半減している。

□ＭＤＧｓの設定以降、すべての地域の中で初等教育に関して最大の改善が見られたのはサハラ以南アフリカである。当地域の純就学率は１９９０年から２０００年にかけて８

パーセントポイントの増加であったが、2000年から2015年にかけては20パーセントポイント増加している。

□世界全体で15歳から24歳までの若者の識字率は1990年から2015年の間に83%から91%まで増加している。男女間の格差は狭まっている。

多くの成功の陰で、最も貧しい人々、最も脆弱な人々が置き去りにされている

世界中で多くのMDGs目標について重要な成果が得られているが、進展は地域や国をとおして一様ではなく、大きな格差が残っている。何百万もの人々、とりわけ最も貧しい人々、性別、年齢、障害、民族性又は地理的条件のために不利な立場にある人々が置き去りにされている。最も脆弱な人々に手を差し伸べるためには目標を定めた取り組みが必要となる。

最貧層世帯と最富裕層世帯の間および農村部と都市部の間には大きな格差がある

開発途上地域では、世帯の下位20%を占める最貧層世帯の子どもたちが成長を阻害される可能性は、上位20%の最富裕層世帯の子どもたちの2倍を超え、学校に通えない可能性は4倍になっている。最貧層世帯の子どもたちの5歳未満幼児死亡率は最富裕層世帯の子どもたちのほ

ぼ2倍である。農村部では熟練医療従事者の立ち会いによる出産は56％にとどまっているのに対し、都市部では87％である。農村部の人口の約16％が改良された飲料水源を利用できていないのに対し、都市部では4％である。農村部に暮らす約半数の人々には改良された衛生施設がないのに対し、都市部で利用できない人々はわずか18％である。

気候変動と環境悪化が今までの進展を切り崩し、貧困層が最大の被害者となる

世界の二酸化炭素排出量は1990年以降50％以上増加している。緩和されない温室効果ガス排出増とその結果予想される生態系の変容や異常気象、社会的リスクなどの気候変動の影響に対処することは、依然として地球社会にとって喫緊の課題である。2010年には推定で520万ヘクタールの森林が失われたが、これはコスタリカの国土の広さに匹敵する。

海洋漁業資源の乱獲は安全な生物学的利用限界内にとどまる資源の割合を減少させ、これは1974年の90％から2011年には71％まで低下している。生物の種は数の面でも分布の面でも全体的に減少している。このことは絶滅の脅威が増していることを意味する。水不足は世界の人口の40％に影響を及ぼし、今後もその傾向は増すと予測されている。貧困層は生計が天然資源と直接的に結び付くことが多く、最も脆弱な地域に暮らすことも多いため、環境悪化の被害を最も深刻に受けることになる。

紛争は依然として人間の開発にとって最大の脅威である

２０１４年末までに紛争のために家を捨てなければならなかった人の数は約６０００万人に達した。この人数は第二次世界大戦以来最悪の水準である。この人々を一国にまとめたとすると、世界で24番目に大きな国になる。毎日平均４万２０００人が紛争のために強制的に避難させられ、保護を求めざるを得なくなっている。この数字は２０１０年の１万１０００人のほぼ4倍である。２０１４年に国連難民高等弁務官事務所（ＵＮＨＣＲ）の庇護下にあった世界の難民の半数が子どもである。紛争の影響を受けている国々では非就学児童の割合が１９９９年の30％から２０１２年には36％に増加した。脆弱で紛争の影響を受けている国々は一般的に最も高い貧困率を有している。

何百万人もの貧困層が基本サービスを利用できず、未だに貧困と飢餓の中で暮らしている

非常に大きな進展があったにもかかわらず、今日もおよそ8億もの人々が未だに極度の貧困の中で暮らし、飢餓に苦しんでいる。１億６０００万人を超える5歳未満の子どもたちが十分な食糧がないため年齢相応の身長に達していない。現在、５７００万人の初等教育就学年齢の子どもたちが学校に通えていない。世界の労働者のほぼ半数が未だに不安定な労働条件下で働

いており、人間らしい仕事に伴う恩恵をほとんど享受していない。毎日約1万6000人の子どもたちが5歳の誕生日を迎える前に命を落としているが、その死因の大部分は予防可能なものである。開発途上地域の妊産婦死亡率は先進地域の14倍である。開発途上地域の妊婦のうち、推奨される最低4回の出産前診察を受けているのはわずか半数である。開発途上地域の3150万人のHIV感染者のうち2013年にART（抗レトロウイルス療法）を受けたのはわずか36％と推定される。2015年には3人に1人（24億人）が未だに改良されない衛生施設を使用しており、そのうち9億4600万人が未だに野外排泄を慣行としている。今日、開発途上世界の都市でスラムのような環境に暮らす人々は8億8000万人を超えると推定される。グローバルな行動によってこうした数字を好転させることができる。MDGsアジェンダの成功はグローバルな取り組みが有効であることを物語っている。新たな開発アジェンダが誰ひとり置き去りにしないためにはグローバルな取り組みしか道はない。2015年、国際社会は歴史的な岐路に立っている。MDGsが最終期限を迎え、世界はその成功と気運の上に前進する機会を得る一方、目指すべき将来に向け新たな希望を抱いている。環境を保護し、平和を確保し、人権を実現しながら、人々のニーズを一層満たし、経済の変化に対応するための力強い新アジェンダが登場する兆しが見える。このアジェンダの中心に据えられる持続可能な開発は地球上の一人ひとりにとって現実のものにならなければならない。本編はMDGsの最後の報告書である。本書はミレニアム宣言で提示された意欲的な目標を達成するための15年間の取り組みを記し、世界中の多くの成功を浮き彫りにしているが、格差が残っていることも認めている。我々はＭＤＧｓの経験を通して得られた多くの教訓を踏み台に次の段階に向かっている。

すべての国の指導者および関係者は、真に普遍的で、真の変革をもたらすアジェンダの達成に向け手を携え一層の努力を惜しまない。これが世界のすべての人に持続可能な将来を保証し、尊厳ある生活を実現するための唯一の方法である。

3　ＳＤＧｓ

ＭＤＧｓにおいてほとんどの目標は達成されたにもかかわらず、未だ多くの貧困層が取り残されており、飢餓も根絶されていない事実に鑑み、国連はＭＤＧｓの後継計画として持続可能な開発目標（ＳＤＧｓ、２０１６〜２０３０）を打ち出した。この目標は以下の通り。

目標１　あらゆる場所のあらゆる形態の貧困を終わらせる
目標２　飢餓を終わらせ、食糧安全保障および栄養改善を実現し、持続可能な農業を促進する
目標３　あらゆる年齢のすべての人々の健康的な生活を確保し、福祉を促進する

目標4　すべての人々への包括的かつ公平な質の高い教育を提供し、生涯学習の機会を促進する
目標5　ジェンダー平等を達成し、すべての女性および女子のエンパワーメントを行う
目標6　すべての人々の水と衛生の利用可能性と持続可能な管理を確保する
目標7　すべての人々の、安価かつ信頼できる持続可能な現代的エネルギーへのアクセスを確保する
目標8　包括的かつ持続可能な経済成長、およびすべての人々の完全かつ生産的な雇用とディーセント・ワーク（適切な雇用）を促進する
目標9　レジリエントなインフラ構築、包括的かつ持続可能な産業化の促進、およびイノベーションの拡大を図る
目標10　各国内および各国間の不平等を是正する
目標11　包括的で安全かつレジリエントで持続可能な都市および人間居住を実現する
目標12　持続可能な生産消費形態を確保する
目標13　気候変動およびその影響を軽減するための緊急対策を講じる
国連気候変動枠組条約（ＵＮＦＣＣＣ）が、気候変動への世界的対応について交渉を行う一義的な国際的、政府間対話の場であると認識している。
目標14　持続可能な開発のために海洋資源を保全し、持続的に利用する

目標15　陸域生態系の保護・回復・持続可能な利用の推進、森林の持続可能な管理、砂漠化への対処、ならびに土地の劣化の阻止・防止および生物多様性の損失の阻止を促進する

目標16　持続可能な開発のための平和で包括的な社会の促進、すべての人々への司法へのアクセス提供、およびあらゆるレベルにおいて効果的で説明責任のある包括的な制度の構築を図る

目標17　持続可能な開発のための実施手段を強化し、グローバル・パートナーシップを活性化する

主な参考文献

Macmillan Secondary School, Atlas, Kenya, 2005
アマルティア・セン著1、黒崎卓他訳『貧困と飢餓』岩波書店、1981
アマルティア・セン著2、大石りら訳『貧困の克服』集英社、2002
アルビン・トフラー著、徳山二郎訳『パワーシフト』フジテレビ出版、1990
イザヤ・ベンダサン著、山本七平訳『日本教について』文藝春秋、1975
サミュエル・ハンチントン著、鈴木主税訳『文明の衝突』集英社、1998
ジャン＝ピエール・デュピュイ著、森元庸介訳『経済の未来』以文社、2013
ダニエル・コーエン著、林昌宏訳『経済は、人類を幸せにできるのか？』作品社、2015
ダニエル・ヤーギン、ジョゼフ・スタニスロー著、山岡洋一訳『市場対国家』日本経済新聞社、1998
マイケル・サンデル著、鬼澤忍訳『それをお金で買いますか――市場主義の限界』早川書房、2012
ライアル・ワトソン著、翔田朱美訳『儀礼があるから日本が生きる！』たちばな出版、2001
リチャード・E・ニスベット著、村本由紀子訳『木を見る西洋人　森を見る東洋人』ダイヤモンド

社、２００４
安倍晋三『新しい国へ　美しい国へ　完全版』文藝春秋、２０１３
インタービジョン21『図解　世界の中の「日本の順位」がわかる本』三笠書房、２０１２
石弘之『地球環境報告』岩波書店、１９８８
上杉勇司『変わりゆく国連ＰＫＯと紛争解決』明石書店、２００４
大野晋1『日本語の源流を求めて』岩波書店、２００７
大野晋2、森本哲郎、鈴木孝夫『日本・日本語・日本人』新潮社、２００１
沖森卓也『日本語の誕生』吉川弘文館、２００３
鹿野政直『沖縄の戦後思想を考える』岩波書店、２０１８
鎌田東二『神道とは何か』ＰＨＰ研究所、２０００
木内知美、若月利之『熱帯アフリカの土壌資源』国際農林業協力協会、１９９０
鬼頭宏『環境先進国・江戸』ＰＨＰ研究所、２００２
菊池勇夫『飢饉』集英社、２０００
久馬一剛『食料生産と環境』化学同人、１９９７
金田一春彦『日本語――新版（上）』岩波書店、１９８８
小原克博『一神教とは何か』平凡社、２０１８
佐治芳彦『謎の神代文字』徳間書店、１９７９

佐藤勝彦『宇宙には誰かいますか』河出書房新社、２０１７
坂口勝美『熱帯の飼料木』国際農林業協力協会、１９８８
佐和隆光『市場主義の終焉』岩波書店、２０００
嶋田義仁『砂漠と文明』岩波書店、２０１２
鈴木孝夫『日本語教のすすめ』新潮社、２００９
伊達聖伸『ライシテから読む現代フランス』岩波書店、２０１８
竹田恒泰『日本はなぜ世界でいちばん人気があるのか』ＰＨＰ研究所、２０１１
津田幸男『日本語防衛論』小学館、２０１１
辻達也『江戸時代を考える』中央公論社、１９８８
中沢新一『神の発明　カイエ・ソバージュⅣ』講談社、２００３
中谷巌『資本主義以後の世界』徳間書店、２０１２
中西輝政『国民の文明史』扶桑社、２００３
二木光『アフリカ「貧困と飢餓」克服のシナリオ』農山漁村文化協会、２００８
西尾幹二『国民の歴史』産経新聞社、１９９９
西部邁1『国民の道徳』産経新聞社、２０００
西部邁2『保守の遺言』平凡社、２０１８
新渡戸稲造著、佐藤全弘訳『武士道』教文館、２０００

芳賀綏『日本人らしさの発見』大修館書店、２０１３
広井良典『定常型社会』岩波書店、２００１
保坂幸博『日本の自然崇拝、西洋のアニミズム』新評論、２００３
的川泰宣『宇宙と太陽系の不思議を楽しむ本』ＰＨＰ研究所、２００６
水野和夫１『閉じてゆく帝国と逆説の21世紀経済』集英社、２０１７
水野和夫２『資本主義の終焉と歴史の危機』集英社、２０１４
宮田登『カミとホトケのあいだ』吉川弘文館、２００６
宮本常一１『飢餓からの脱出』八坂書房、２０１２
宮本常一２『忘れられた日本人』未来社、１９７１
茂木健一郎＋加藤徹『東洋脳×西洋脳』中央公論新社、２０１１
藻谷浩介『里山資本主義』角川書店、２０１３
森田良行『日本人の発想、日本語の表現』中央公論社、１９９８
柳田國男１『遠野物語・山の人生』岩波書店、１９７６
柳田國男２『国語と教育』河出書房新社、２０１５
山折哲雄『これを語りて日本人を戦慄せしめよ』新潮社、２０１４
山田順子『なぜ、江戸の庶民は時間に正確だったのか？』実業之日本社、２００８
山本七平１、小室直樹『日本教の社会学』講談社、１９８１

山本七平2『日本人と組織』角川書店、2007
山本博文『江戸に学ぶ日本のかたち』NHK出版、2009
湯川洋司、市川秀之、和田健『日本の民族6　村の暮らし』吉川弘文館、2008
渡辺京二1『逝きし世の面影』平凡社、2005
渡辺京二2『現代農業増刊号　21世紀は江戸時代』、「江戸時代庶民の自由と自立」農山漁村文化協会、2003
渡辺京二3『なぜいま人類史か』洋泉社、2007
渡辺京二4『バテレンの世紀』新潮社、2017
渡部昇一1『国民の教育』産経新聞社、2001
渡部昇一2『日本人の本能』PHP研究所、1996

図表等リスト

二木　光（にき　ひかる）

1947年生まれ。66年萩高等学校卒業、宇都宮大学農学部入学。70年から在学のまま青年海外協力隊参加（フィリピン、２年）。75年宇都宮大学農学部修士課程修了。78年からJICA専門家としてスーダン（２年）、ボリビア（５年）、エジプト（３年８カ月）、バングラデシュ（４年）、ザンビア（３年）、東ティモール（半年）、JICA東南部アフリカ地域支援事務所（ケニア、２年）、東ティモール（３年３カ月）、ケニア（２年11カ月）等に赴任。90年よりJICA国際協力専門員（農業農村開発、2013年退職）。2002年より１年半千葉大学園芸学部非常勤講師。農学博士（パシフィック・ウェスタン大学）。著作は『アフリカ「貧困と飢餓」克服のシナリオ』（農山漁村文化協会）、「東南部アフリカの持続的村落開発」（JICA）等。

日本が地球を救う

2019年６月21日　初版第１刷発行

著　者　二 木　　光
発行者　中 田 典 昭
発行所　東京図書出版
発売元　株式会社 リフレ出版
〒113-0021　東京都文京区本駒込 3-10-4
電話 (03)3823-9171　FAX 0120-41-8080
印　刷　株式会社 ブレイン

ISBN978-4-86641-246-7 C0095
Printed in Japan 2019

ご意見、ご感想をお寄せ下さい。
［宛先］〒113-0021　東京都文京区本駒込 3-10-4
東京図書出版